中学生心理日记解析

——九年级

肖 军 著

科学普及出版社

·北 京·

图书在版编目（CIP）数据

中学生心理日记解析．九年级／肖军著．
－北京：科学普及出版社，2015

ISBN 978－7－110－08474－8

Ⅰ．①中…　Ⅱ．①肖…　Ⅲ．①心理健康—健康教育—初中—教学参考资料
Ⅳ．①G479

中国版本图书馆CIP数据核字(2013)第317143号

作　　者　肖　军
插　　图　同同卡通

策划编辑　肖　叶
责任编辑　郭　璟　李　睿
封面设计　阳　光
责任校对　林　华
责任印制　马宇晨
法律顾问　宋润君

科学普及出版社出版
北京市海淀区中关村南大街16号　邮政编码：100081
电话：010－62173865　传真：010－62179148
www.cspbooks.com.cn
科学普及出版社发行部发行
鸿博昊天科技有限公司印刷
*
开本：720毫米×1000毫米　1/16　印张：6.75　字数：130千字
2015年7月第1版　　2015年7月第1次印刷
ISBN　978－7－110－08474－8/G・3586
印数：1-5000册 定价：12.00 元

目 录

第一章　亲子关系篇

15 岁的我为什么控制不了离家出走的脚步？ /1

叛逆是为了及时地分离 /4

有了沟通，就不会有代沟 /7

崇拜孩子就是崇拜希望 /9

第二章　同学关系篇

认清心中的“假想敌” /12

我怕自己那“非真诚的笑” /14

第三章　自我成长篇

成长中的缺陷也有价值 /15

在体验中认识自我，整合自我 /18

真正自我：在共性中追求个性 /21

在乐群中特立独行 /24

世界上最遥远的距离 /27

挥之不去的旋律 /29

优等生：请珍惜你的失落感 /31

姐弟关系也需要变化 /34

第四章　学习考试篇

对付考试怯场有良方 /36

感受学习生活本身的快乐 /39

有目标才会有动力 /42

男孩考试为何总要上厕所 /44

转学可能是一种消极应对方式 /47

不让焦虑成为学习的象征 /49
拒绝老师安慰，你才能真正消除考试紧张 /52
考试中的强迫症状可能是因紧张焦虑而起 /54
附录：介绍四种考前复习方法 /56

第五章　青春性心理篇

相爱总是简单，相处太难 /58
不追女孩，生活就没动力 /61
如何对待青春期的性幻想 /63
我是不是同性恋 /65
手淫：禁不住的诱惑 /70
师生恋：牛犊恋 /72
将心灵的“家具”进行重新布局 /75

第六章　理性思维篇

再失败的婚姻也会有它的价值 /77
抛弃“夸大其辞”的非理性认知 /79
学会适当地消极 /81
找出自卑倾向背后的非理性思维 /83
为什么要和比自己差的人比较？ /87
学会用瓦伦达心态面对压力 /90
认识家庭中的负性情绪转移 /92

第七章　心理常识篇

爱洗手是强迫症吗？ /94
过分刻苦是一种自我攻击 /97
谁能将我拽出网络的深渊 /99
“记仇”往往是缺乏情商的表现 /102

第一章 亲子关系篇

15 岁的我为什么控制不了离家出走的脚步？

9 月 27 日 星期四

天气：晴

当下心情：痛苦

心情指数：★★★★★★

心情故事：

我是一个 15 岁的女孩，生活在一个幸福的家庭里。可是我对这个家庭好像很不满足。总是一而再再而三地出走，弄得家人对我一点信任都没有了。

我总是在离家出走的第一天就后悔了。可是我并没有及时纠正错误，而是继续错下去。我不敢回家，明明知道回家后爸爸妈妈不会打我，可是我还是不回家，总觉得家里好闷，闷得让我喘不过气来。每当我回家后，爸爸妈妈什么都不说，只是跟我谈心。可是我讨厌他们跟我谈心，因为他们将要跟我说什么我都知道。可是他们还是要再说一次，而我根本一句都听不进去。我在心里说：我再也不离家出走了！可是，没过几天，我又控制不了，一个人走了……刚走就后悔……

我这是怎么了？

（小雨）

心理点评

做父母的，跟子女相处的关系问题，本质上就是父母的角色扮演问题。针对不同年龄、性别的孩子，父母要能随情况而扮演不同的角色。一般来说，对婴儿，父母要扮演好“抚养者”的角色；对儿童要扮演好“管教者”的角色；对青少年，父母则要扮演好“教养者”的角色。在“教养”阶段，对事物的是非，已经不能单由父母来灌输了，而是要经过说明解释让青少年自己去了解、体会、选择和采纳。而不是一味保护、管理，从而使青少年失去自己去尝试、体验、去犯错的权利。“您告诉我的道理只是对您有价值。我自己体验到的道理才会真正对我有价值！”假如对15岁的已经进入第二反抗期的青少年还像以前一样扮演“抚养者”和“管教者”的角色，用大道理教育孩子，那么，不管付出多少心血，都只会让孩子感到痛苦和压抑。

日记中的“我”多次出走的行为，其实是在提醒家长，要及时改变教育方式了。

作为子女，认清自己多次出走的心理原因之后，完全可以和父母进行沟通，说出自己内心的需求，并提醒父母，自己已经不是儿童了，希望父母适当地转换角色。如果沟通仍不能促使父母的角色转换，则需要寻求心理或教育方面专业人士的帮助。

叛逆是为了及时地分离

9 月 27 日　星期四

天气：晴

当下心情：内疚、自责

心情指数：★★★★★★

心情故事：

我从小就是一个特别乖的女孩，一直都很听母亲的话，从来都不敢违背母亲，因为家里一直都是母亲管事，而母亲对家里的每个人要求都很严格。我在做任何事情之前都要问一问母亲，只有得到母亲的许可之后才敢去做。可是最近一年来，我不知道怎么了，忽然对母亲的行为非常反感，有时甚至忍不住和她发生争执。我忽然强烈地感到自己要摆脱母亲的控制，自己对未来负责。我再不想做母亲的傀儡了。

面对想独立的我，母亲的反应十分强烈，也非常伤心，甚至大哭大闹。每当看到母亲痛苦的神情，我的内心都十分内疚和自责，因为母亲为这个家庭付出的太多了，这么多年她一直很不容易。她和父亲的关系一直都不好，就是因为我她才留在这个家里。她一直都不幸福，只有我是她的希望。我实在不想惹她伤心，可是我有时还是忍不住会对她发脾气。曾经的乖乖女到哪里去了呢？

（小薇）

心理点评

这些年来，你和母亲关系一直很好，一方面因为母亲对你无微不至的关心和照顾，另一方面是因为你还小，无论是在生理上还是在心

理上都需要母亲的照顾。也就是说，在母亲事无巨细的照顾中，母亲得到了慰藉，你感到了满足。大家其乐融融！但现在的关系正发生着微妙的变化：母亲仍然需要借助对你的关心和照顾来忘记婚姻的痛苦，弥补婚姻的缺憾；你却因为身体的发育和心灵的成长而希望走出母亲的视线，和母亲适当地分离。

你的这种心理上的要求是很可贵！是值得肯定的，因为它是你走向成熟的标志和起点。希望你不要为此感到内疚，而是要为自己高兴。但你也要尽可能地理解母亲。因为婚姻的不如意，母亲对你投入了大量的感情，你们之间的关系一直非常亲密，相互依赖，对于你的独立和成长，母亲实在需要一定的时间去适应。同时你还要看到每一个孩子在青春叛逆期都可能出现的问题，那就是感情用事、冲动、急躁、缺少沟通。

心理分离是必要的，但分离的步伐是否可以小一点？分离的方式是否可以温和一点？在分离的过程中，沟通是否可以多一点？比如：以前有三件事情都是母亲做主，现在是否能告诉母亲，其中有一件事情，你希望她不要过问了。如果一下子断然拒绝母亲的所有关心，母亲心理无法接受，当然会产生冲突。而你呢？因为长期依赖母亲，也不适合突然拒绝母亲所有的照顾。

总之，这是每一个孩子在成长过程中都会面临的问题，只要你和母亲多沟通多交流，相互理解彼此的心理需要，就一定能恢复到往日的和谐和幸福。

有了沟通，就不会有代沟

当下心情：彻底失望

心情指数：★★★★★★★★★★

心情故事：

已经临近中考的我一直承受着很大的心理压力。每天都被时间所压迫着。在学校学习了一天，回到家里本以为可以找到放松的感觉，然而，这一切的一切，并不能如我所愿。每次回到家都可以听到父母唉声叹气的声音。随着时间的推移，我才发现，原来我是那么的孤独、没用。平日里的我，总是面带笑容。但一到夜晚，我感觉自己像迷失了方向，脑海里不停地想一些不该想的事情。本来就睡眠不足，再加上自己睡觉时胡思乱想，我感到自己的精力一天不如一天。

也没办法，该怎么过就怎么过吧！与父母的关系也不怎么样，彼此间根本就没有共同语言，他们问我什么，我就答什么。有时候，心情不好，他们问我，我就当没听见一样或者非常大声地回答。这样对待父母，事后也会后悔。可是，世上没有后悔药啊！想去跟他们解释，自己觉得很没面子。即使解释了，他们又会以为我是假装了，对我没有一点信任。这就是我与父母之间的代沟吧！

我的想法与他们完全不同，总以为他们的想法很古板，跟不上时代的步伐。因为这样想，我的脾气也越来越坏，稍不顺心就发火，根本不能控制自己的情绪。有时发火之后，一连几天都不会说话。实在要说，也只说两三个字的句子。

我不明白，为什么我每次发火的对象都是母亲，对父亲则另眼相看。

可自从前年家里发生了一件事情之后，我对父亲的看法完全改变了，我开始恨自己的父亲，而只在意母亲了。

那是前年的年底，母亲第一次在我面前流下了眼泪，我也第一次

知道，做一个女人是那么不容易，受的苦没有一个人知道。当时，我一下子蒙了，一时不知所措。

后来，他们的关系稍稍好了一些，我和父母的关系也有所改善。可好景不长。去年的下半年，因为我的事，父亲给了我两记耳光。由此，我渐渐减少的恨又开始增加，一直到现在。我与父亲之间的隔阂也更深，就连找他拿个手机都不敢说，怕他会说三道四的。

作为女儿的我，真的很想家庭和睦，让别人看了觉得我们很幸福。但是，面对我的所作所为，他们总是不相信，总认为我是在骗他们。他们这样认为，我还能怎样？想跟他们解释，自己又不敢。就是解释，他们也不会听。我只好保持沉默，用实际行动来告诉他们，我没有骗他们！

还有半个月就要中考了，心里的压力好大好大。每次考试之后，他们都会数落我，根本就没有一点鼓励我的意思。我现在真的很无助。人们常说，父母是孩子最好的老师，家是幸福的港湾。这两句话，我并没有体会到。为什么在外面我能找到属于自己的自由快乐，回到家则没有了呢？为什么我想得到的东西，总是得不到。我的要求并不高，父母却总是找理由敷衍我。我彻底失望了！真想快长大，找到属于自己的工作，这样才会有自由快乐！

（化名：彭天桃）

家庭中，夫妻关系的问题会直接影响到亲子关系的正常发展。母亲为了获得女儿的同情说了哪些对父亲不利的话，父母之间究竟有哪些恩恩怨怨，我们不得而知，但母亲无意中摧毁了父亲在女儿心目中的形象，这对女儿的成长是极其不利的。它是彭天桃同学现在不相信父母并对父母产生抵触的主要原因。另外，父亲对女儿过于强势，而母亲又过于弱势，会让女儿因在家庭感到无所适从而出现心理上的失调。

彭天桃要想在家庭中找到快乐，不能等着父母改变，而是要自己主动去和父母沟通，并学会控制情绪，逐步培养轻声说话的习惯。

有了沟通，就不会有代沟！

崇拜孩子就是崇拜希望

心情故事：

从儿时起，长辈们就经常给我灌输一些“只有考上大学才有出息”之类的肺腑之言。于是，乖巧的我在父母的笑容里，蹚出了平坦的道路，直到顺利走进中学——人生的“岔路口”。

但父母的心愿不一定就能实现，因为路终归还要靠自己走呀！我的理科成绩很不好，我喜欢文科，因此文科学习一直是我的强项。而且我还决定我上高中后选择文科。偶尔我还会让喷涌的诗情缠绕笔端，可是长辈们却把这视为“歪门邪道”、“不专心读书，拿什么成绩上高中、考大学。”

记得上初二的时候，我兴冲冲地举着校园文学社的小书刊，拿给妈妈看：“妈，您看，登了我的一篇诗哦！”

满以为自己会得到一声赞叹，谁知妈一把夺过书刊看都没看一眼，把它扔进了废纸篓。并对我厉声地说道：“别把时间浪费在这些‘歪门邪道’上，别再写什么诗、文什么的，认真学习，要知道成绩是最重要的……”听了这一席话，我好伤心，甚至觉得妈妈好不讲道理。但不管怎么说，妈也是爱我的，希望我长大以后能出人头地，能生活得更好，只不过方式过于古板罢了。其实，心与心的沟通，才是爱的桥梁呀！为什么妈不能理解和支持我呢？爱好文学这也是学习呀！我多么需要一份理解和支持！

诚然，最高学府可以让人出人头地，但是古往今来有多少自学成才的志士仁人，用他们辛勤的汗水浇灌出了丰硕的果实：如高尔基没有进过高等学府，但他在文学事业上的辉煌成就使他彪炳史册；再如鲁迅，假若他不弃医从文，又如何能成为世界公认的大文豪呢？

我知道，人生是险峻的。它就像一辆满载乘客的客车，载着人们的期待驶向远方。也许在中途会因不成熟的愿望而抛锚；也许，那开花的心愿又去寻觅凋零的季节……

我很欣赏道格拉斯这句格言："你若不能筑大路，那么就修条小径；你若不能做太阳，那么就做颗星星。"至于未来的一切，我无论干什么都绝不逃避，在时代的路基上，甘做一块小小的铺路石。

尊敬的长辈们，请给我多些理解，少点束缚，让我走自己的路吧！

（刘 杏）

心理点评

孩子是天生的哲学家，他们对社会、对人生有着天生的悟性。孩子的人生哲学表面上看比较幼稚，然而绝不比大人们的人生哲学低级。实际上，孩子们在认识世界方面有着大人们所没有的优势。而冰心在《小橘灯》中所表达的其实并不仅仅是对某一个小女孩的赞美，而是对所有儿童的崇拜之情。只要做父母的不压制不限制，外加一点适当的引导，每一个孩子都会非常清楚地找到自己努力的方向。

大人们"只有考上大学才有出息"之类所谓的"肺腑之言"不知道让多少孩子迷失了自己的方向，刘杏同学则一直在这种"肺腑之言"面前保持着自己独立的思考。这是多么难能可贵！而更难能可贵的是她在保持自己思想的同时并没有简单地否定父母的爱子之情。她否定的只是一种不合理的方式！

崇拜我们的孩子吧！因为崇拜孩子就是崇拜我们的过去，也是崇拜我们的将来，更是崇拜我们的希望！

第二章 同学关系篇

认清心中的“假想敌”

9月24日 星期一

天气：晴

当下心情：痛苦

心情指数：★★★★★★

心情故事：

我有一个好朋友，相处六年了，我们在一起相互帮助，犹如亲兄弟一般。可自从进入初中以后，我们之间就产生了问题，关系一天不如一天，成了名副其实的死对头。不知道为什么，他总是喜欢在别人面前把我的一些丢面子的事说出来，讽刺我。更可气的是，他还有意地讨好我身边的一些女孩子，以至于她们都不愿意和我玩了。

我现在越来越害怕，本能地排斥和他在一起，怕自己的糗事被他知道，怕自己的朋友被他拉拢过去。做事也特别小心翼翼，生怕他抓住把柄又来“攻击”我。

我俩已经很久没有说话了。在一些不知情的同学眼里，我和他还是最要好的朋友，可实际上，我们早已经形同路人。也许正因为僵局的存在，我才会更有劲头，努力学习，不甘心让他超过我。我也知道他暗暗地和我对抗，而结果总是他输给我，而且差距很大。虽然我胜利了，但我心里一直很不是滋味。我不知道好朋友之间的“斗争”什么时候才能结束。

心理点评

“在人的一生中，没有哪个时期会比青春期更加强烈地渴望被理解，没有任何人会像青年那样沉陷于孤独之中。”德国斯普兰格的这番话也许正好道出了你的心声，显示了你对同学友情的渴望。友情不仅使你被接纳、理解、关心、喜爱，尤其是与知心朋友的亲密交往，还可以使你产生心灵上的慰藉。有学者认为，青春期的同学关系可能要超过师生关系和亲子关系的影响，是青少年社会化的主要因素之一。因此，培养自己和同学的交往能力应该是和学习科学文化知识同等重要的大事。

但你并没有深刻地认识到培养人际交往能力的极其重要性，以至于同学关系出现某种危机（你身边的女孩子都不愿意和你玩了，你身边的好朋友也在疏远你）的时候还意识不到自己有需要改进的地方，而简单地将原因归结于一个并不大真实的假想敌——那个和你相处了八年的朋友上面！

为什么说这个“假想敌”是不大真实的，而不说是根本不存在的呢？这是因为，同学之间本来就是友谊和竞争并存的。良性的竞争不仅不会损害友谊，相反还会增进友谊。而同学之间的竞争不仅表现在学习上，同时还表现在人际交往上。遗憾的是，像许多只埋头学习的尖子生一样，你可能只注重了学习上的竞争而忽视了人际交往的竞争。而当自己在人际关系竞争中明显处于劣势的时候，你没有主动去改善关系，学习交往技巧，而是消极地排斥那个在人际关系中明显处于优势的人，并且在无意识中将这个人看成自己人际关系危机的替罪羊。我们退一步讲，即使这个人是对你别有用心，但如果你和周围同学的关系非常融洽的话，他是很难得逞的。

你一直希望用学习上的竞争代替人际关系上的竞争。这是你最大的认识误区，这正是你学习上胜利了却不开心的原因。

认识到自己的误区之后，我希望你大声对自己说：学习上我要去竞争！人际关系上我也要去竞争！只是这种竞争应该更多地体现为合作能力的竞争。在合作与竞争之中，我们的友谊之花才会格外绚丽！

我怕自己那“非真诚的笑”

3月9日　星期日

天气：晴

心情故事：

初一的时候，我是个无忧无虑的女孩，张口就笑。那时的我让现在的我羡慕不已。现在的我，几乎没有真正笑过一次。每当和同学说笑时，我感觉我是“嘴笑脸不笑”，真的好难受。我很想开开心心地笑，可就是笑不出来了。同学们在一起聊天，我不敢加入，我怕我那“非真诚的笑”让她们越来越讨厌我。

（小琼）

想笑就笑，想不笑就不要笑；想假笑就假笑；想真诚地笑就真诚地笑；甚至，想阴险地笑就阴险地干笑几声吧。也许你的阴笑会很有个性哦！再说，即使你很阴险又能阴险到什么地步呢？而这些你所谓的“真诚”、“虚假”、“阴险”其实都不过是你心中的一些特殊的心理标签而已，并不代表道德上的某种含义。比如，你担心自己不够真诚，也许是代表你和同学的关系还不够融洽，也许是代表你还不够自信，担心同学们不能完全接纳你。所以，此时的你必须从所谓“真诚”与“虚伪”的假象中走出来，看到自己真实的内心，看到自己真正的问题所在，进一步培养自信，进一步改善与同学的关系。当自己真正有了自信，并感到同学们真正接纳自己了，即使嘴不笑，你的心也会笑个不停啊！

第三章 自我成长篇

成长中的缺陷也有价值

9月10日　星期一

天气：阴

当下心情：烦恼

心情指数：★★★★★★

心情故事：

近几天，心情不稳定，好像总有打不开的结。什么事情被我碰上总会思考半天，然后自寻烦恼。我常常抱怨人生的快乐太少，却很少反省自己是否要求太多。知足常乐，其实是一种境界。这种境界就是抱着满足而豁达的平和心态去看待一切是非得失。这样的幸福和快乐才会长久。

我所在的班级不是最好的班级，所以教室纪律难免有些糟糕。我就总觉得学习环境太差。我寻求最深层次的原因，其实就是我自己心里有太多不稳定因素，它们总是影响我的心情，妨碍我学习。

说实话，作为一个班长，心里有太多的不平，外加太多的压力。有时感觉自己被压得透不过气来。班里经常会发生各种小事故。对此，我不可以视而不见：自习课上，教室里闹翻天，我不能置若罔闻。同学之间闹矛盾，她们会来找我，我不能置身事外。林林总总，杂七杂八的事情让我心烦。这让我彻底体悟到：当官难，当好官更难，当个深得民心的官是难上加难。说句不负责任的话，我真想一股脑地什么

都不管了。但这非我性格，我不能做这样的班长。不管怎样，我都有责任与义务为大家服务，尽管是吃亏不讨好的事情。我真的很无奈，很累！

不能否认一点，作为班干部，特别是在中学时期做班干部，有助于提高以后参加工作管理员工的能力，培养一个领导者的素质，锻炼各种应变的能力。同时，各科老师也会对你多一分关注，对提高学习成绩也起着一定的作用。

我好矛盾啊！真希望每天少一些烦恼，少一些抱怨和不必要的嫉妒。那样，我的心情就会舒畅一些，生活就会更加美好一些。

（小玲）

我想，这里存在着三个方面的问题需要重新认知：

1. 在紧张的学习中，如何寻找属于自己的快乐？寻找快乐是人的天性，中学生也不例外。知足常乐是一种境界，但适当追求快乐也是一种境界。没有适当追求快乐的境界，知足常乐的境界有什么意义？而学会在紧张的学习中找到快乐，不仅是学习进步的基石，更是人生的大智慧。小玲同学的烦恼、抱怨、嫉妒都和快乐的缺失有关。

2. 在班干部工作中，如何区分“可为”与“不可为”？班长班长，一班之长。如果事必躬亲，处处干预，必定会对学习有干扰。如果能够区分：哪些是自己必须管的，哪些是自己不必管需要安排别人管的，哪些是别人管后自己要过问的，哪些是别人管后自己不必过问的，哪些是根本就不需要管的，做班级工作就会轻松多了，并且还会促进学习和成长呢！

3. 在自我的成长中，如何接纳不完美的自己和不完美的生活？班级的考试成绩可能不是最好的，但班级的学生可能个个都是有个性的，值得骄傲的；关注自己今后的职业发展是可贵的，但成长中的缺陷也是有价值的。坦然接受“不足”，并挖掘出“不足”背后的价值，自我才能更好地成长！

在以上三个方面的认知重建中，前两项是表象，后一项是深层原因，是关于自我接纳的成长性问题，是需要长期探讨和解决的问题！

在体验中认识自我，整合自我

3月7日　星期一

心情故事：

爱情，有时就像樱桃，一生只有一次邂逅。

现在的我们会在别人面前或在笔尖处大谈什么爱情，但却从来不肯也不敢说自己拥有过爱情。也许是怕玷污了这两个字的圣洁，抑或是心里也清楚地明白这是件不可能的事情！

人是会变的，我从那个单纯的小女生变成了具有一些“中毒思想”的女生，进而又变成了现在的这个乱七八糟矛盾复杂的人。在这个变化过程中，我似乎并没有太多的感触，因为这变化似乎突然又似乎必然，是激素在作怪？！但在这个结果中，我却常常怀念“过去单纯美好的小幸福”。

爱情，似乎是现代青年人永恒不变的话题，我听烦了！大大小小的音像店里放的全是我爱你，你爱我呀！苦恋呀！满脑子充斥着的全是我喜欢谁，谁又在等我的歌曲，真叫我烦，累，厌！

我觉得现代人太喜欢先给自己定个格子，然后自愿走进去，把自己锁起来。即使很难受，也不愿或是不懂得取出钥匙打开锁，放自己出去，去享受那份只有自己才懂的快乐、自由、解放，等等，毕竟生活永远属于自己。人生不过短短几十年，为什么要把自己弄得满身是血。其实任何人都伤害不了你，除了你自己。（又在大言不惭了，这样高谈阔论自己却从来没有做到，但努力吧！）

但话又说回来，一撇一捺写个人，一生一世学做人。人既然能主

宰万物就因为他们有思想，有思想就必然有感情，有感情就必然会有抽象的痛，痛在心里无法名状。

这不是抽象的痛，而是自我认识与自我整合之痛！

根据发展心理学的理论，青少年时期（12 ~ 20 岁）的一个核心问题是自我同一性的发展，它将为成人期奠定坚实的基础。同一性并不是在青少年时期才出现的，早在幼年时期，儿童已经形成了自我感知。但是，青少年时期却是个体第一次有意识地回答“我是谁”的问题。这一阶段的冲突是：同一性和角色混乱。心理学家是这样界定同一性的概念的：同一性是指个体将自身动力、能力、信仰和历史进行组织，纳入一个连贯一致的自我形象中。它包括对各种选择和最后决定的深思熟虑，特别是关于工作、价值观、意识形态和承诺等方面的内容。如果青少年无法将这些方面和各种选择整合起来，或者说他们感到根本没有能力选择，那么角色混乱就发生了。

有学者认为，青少年的自我同一性至少包括三个方面的体验。首先，他感到自己是一个独特的个体，可以和别人共同完成任务，也是可以和别人分离的。其次，自我本身是统一的。自我有一种发展的连续感和统一感，现在的我是由童年的我发展而来的，将来我还会发展，但是我还是我。最后，自我设想的“我”和自己体察到的社会人眼中的“我”是一致的。相信自己的目标以及为达到这个目标所采取的手段是能被社会承认的。

我们现在就从自我同一性的三方面体验进行分析：在日记中，你感受到了自我的独特性，不会和别人一样在虚幻的爱情中沉沦。你可以和别人分离。也就是说，第一个方面的体验你成功了！但第二个方面的体验呢？你说你从那个单纯的小女生变成了具有一些“中毒思想”

的女生，进而又变成了现在的这个乱七八糟矛盾复杂的人。很显然，你没有将过去的你与现在的你统一起来，这样就直接威胁到你对未来的你的把握。要想实现统一，不仅需要一定的思考（其实你一直没有停止思考），更需要在体验中感受自我的丰富，从而抛弃过去对自我简单化绝对化的认识。这样，你这些所谓乱七八糟的思想之中就会有一个强有力的支撑！由于第二个方面的体验出现了阻碍，所以，第三个方面的体验也就出现了偏差。认为自己大言不惭就是这种偏差的结果。

而你所谓的乱七八糟矛盾复杂的思想其实代表的是你各种不同的亚型人格，他们常常会发生矛盾，需要我们及时去调解。而调解的结果就是自我人格的真正成长。

真正自我：在共性中追求个性

心情故事：

比起盲人，浪费了光明。

比起哑巴，多了些声音。

比起聋子，辜负了耳朵。

比起尸体，多了口气息。

向往光明，但不曾见到。

想靠近温暖，可周围一片冰雪。

只好站在漆黑无人的世界瑟瑟发抖。

六年，整整六年！这六年我是用六年前的十多年回忆走下来的。

我得感谢这十多年的我，我的家人，朋友以及曾经夸赞过我的人，因为他们都说我是好孩子。

就因为有过这十多年的经历，才让我撑到现在，还未倒下。

我很叛逆，

曾与母亲长达几年的对峙。

“没出息！”“看看你哥，再看看你！”我爸指的是我成绩不好。

“不是人！”“冷血动物。”——我妈说的，因为她生病，叫我买药，我正在玩游戏，没在意。

但这个“冷血动物”却给偏瘫的外婆擦过屎，洗过尿布！

有点放肆。

曾打过同学，骂过老师，是班主任的眼中钉。

但我又曾在教室里当着哥们的面吃下他扔掉的半个馒头，那馒头

是一个农村姑娘的，家里条件不好，哥们尝了一口说难吃，就扔了，当时姑娘也在。

我很霸道。

曾在宿舍硬占了一个同学的好床位，理由是他曾欺负小同学，人品不好，同学都骂他。

可我还记得面对一个从小学到高中暗恋的女孩不敢说喜欢，因为她在我看来是最优秀的。我想等到我们一样优秀再说。而我现在，是最垃圾的，我不配！一直到现在，18 岁的我还没谈过恋爱，因为我每见到一个女孩都会拿她跟她们比较。

这就是我，一个废物！

心理点评

你不是废物！你很有才华！很有个性！但是，一个具有完整自我意识的人还必须认识到自己和周围人的共性，要注意和周围的人保持一致甚至是保持一种妥协。只要不涉及做人的原则问题，这就不是虚伪，而是一种自我意识的成熟。

正因为自我意识不成熟，所以你喜欢走极端——在非常的爱心与非常的霸道自私之间摇摆，并表现出一种极端的情绪化反应。在极端化的思维与情绪之中生活，面临的挫折之多就可想而知了。

要亲人师长同学们理解你接受你，你首先要认识到自己的心理误区——一个极端并不能成为另一个极端的理由，并学会从极端的情绪中走出来！

总之，只有在保持共性中追求个性，才能建立起真正的自我意识，才能让你感受到自己的价值和生活的意义。

在乐群中特立独行

9月12日　星期三

天气：晴

当下心情：困惑

心情指数：★★★★★★

心情故事：

刚踏进中学校园，报名时，老师笑着问我："你以前当过班长，对吗？再干一年，怎么样？""不，我该让贤了，让别人来施展才华吧！"我也笑着说。"你还是要做好心理准备！"我愣了一下："老师，您饶了我吧！"

第二天，老师宣布班干部，我不在其中。啊！紧绷的弦终于松下来了。我再也不用擦黑板，患肺病的概率就大大降低了！我再也不用管那永远也管不好的教室卫生和那永远闹哄哄的自习课纪律了，也不用替老师跑腿了……啊！真是想起来就爽！我不是官，跟同学们的关系就亲近了不少；我不是官，他们在我面前"干坏事"，我就可以睁一只眼闭一直眼了；我不是官，老师也不会那么那么关注我，呜呜……看来，凡事有利也有弊啊！既然已经成定局，我也只好做普普通通的"平民"了。不过，我要从另一个方面进行弥补，那就是以优异的成绩让我重新被关注。

这样想来，我觉得自己似乎特别爱表现，可本身又没有什么值得表现的。唉！真是的。

正如海子所写的诗一样：从明天起，我要做个低调的人，但并不

是一个平庸的人，我要面向太阳，精神焕发地投入到学习中去。不必太注重自己的成绩，只要自己尽力就好，锁定一个目标，朝它奋斗，争取做一个优秀的“平民”！

（小玲）

心理点评

“乐群性”是心理测量用语，主要测试一个人在工作和生活中与别人合作的喜好程度。

从人的深层次需要分析：乐群是一个人心灵成长的需要。没有他人给我们做镜子，我们是很难认清自我的；没有他人和我们互动，自我的价值是无法体现的。问题是，我们往往又容易走向另一个极端：我们过多地在乎别人的评价，我们把自己的价值依附于别人身上。比如依附于自己的孩子、自己的配偶、自己的上司，等等。乐群本是为了寻找自我，而这样的乐群却让我们迷失自我！因此，在乐群中特立独行，就成为一种理想境界了！

日记中的“我”乐群性显然是比较高的，却仍然不免在“乐群”与“独行”中惶惑着矛盾着。虽然有些怕当“官”，但内心深处又渴望被关注，而当“官”是最容易被关注的。没有当“官”，你很失落，即使你不停地寻找不当“官”的好处，用海子的诗勉励自己也不能消除你的失落感。

如果不能做到在乐群中特立独行，不管当不当“官”，你都不会轻松自在。如果你认识到问题所在却始终不能改变，则需要寻求心理帮助了。这样做到了在乐群中特立独行，才能真正实现超越自我的目的！

世界上最遥远的距离

8 月 17 日　　星期四

心情故事：

今天，我同学的奶奶去世了。中午，她大哭了一场。我安慰她："人死不能复生……"哪知，她哽咽地对我说："其实，我并不完全是因为奶奶的死去而难过，我更后悔当初没有正视过奶奶对我的爱……"我默而无语……

其实，爱就在我们的身边，形影不离，众里寻它千百度，蓦然回首，原来就在灯火阑珊处。但是，对于这伸手可得、近在咫尺的爱，我们却从未重视、珍惜过，即使重视了，也假装丝毫没有放在心里，用自己冷漠的心对爱自己的人掘了一条永远无法跨越的沟渠。

"世界上最遥远的距离，不是生与死，而是我就站在你面前，你却不知道我爱你。"我们应该以一种积极的眼光去发现"爱"：早晨，父母为晚起的我端来热气腾腾的面条里有爱；孤苦无助之时，远方友人鱼雁传书，捎来的是爱；尴尬无奈之际，路人那宽容的微笑，理解的问候中有爱——这太多太多的爱，当初怎么没感觉到呢？

"我和你坐在窗前，我发现你看云时很近，看我时很远……"雨果曾说过："人生至高的幸福便是感到自己有人爱。"的确，被爱是幸福的，但越是幸福的东西，人们往往越不会去珍惜，因此，日久，人与人之间便产生了距离，是心与心的距离，而我们，则永远不敢推开那扇尘封已久的心门……

"世界上最遥远的距离，不是生与死，而是我就站在你面前，

你却不知道我爱你。”我默默地吟念着，我不明白，何时这个距离才会拉近。但是，我心里坚信，何时，我们只要发现人世间的真爱，那个时候，这个距离也将消失。我心里坚信，拥有一颗感恩之心，能使冰雪消融，能使冬天变成美丽的春天，能使人的心灵拉得更近……

（小捷）

心理点评

爱是一种能力！这种能力首先表现出来的是爱自己。因为爱自己，所以爱身边的亲人；因为爱身边的亲人，所以爱自己的家乡；因为爱自己的家乡，所以爱自己的祖国；因为爱自己的祖国，所以爱全人类，从而成就自己最博大的爱。

“世界上最遥远的距离，不是生与死，而是我就站在你面前，你却不知道我爱你。”因为那时的你极力想将自己全部美好的幻想都寄托在一些遥远的人和事上面。而寄托幻想的过程就是对幻想的认同过程。你沉迷幻想的过程实际上就是自我迷恋的过程，是爱自己的表现。你不能走出自我，当然就无法真正感受身边那些真挚的爱，也就更谈不上爱身边的人了。而当有一天，你忽然发现：真正的爱其实就在身边的时候，你爱的能力就已经上升到了一个新的层次了！

挥之不去的旋律

8 月 30 日　星期六

当下心情：困惑

心情指数：★★★★★★★

心情故事：

本来，初三了，我应该心无旁骛争分夺秒地努力学习才对，可是我近段时间老是开小差。人家开小差是为某个人，或者某个好玩的事情，而我竟然为一首歌开小差。

前段时间，我偶然听到了《宁夏》这首歌，觉得特别好听，于是就借同学的 MP3 反复听。后来发现我在听课、看书时会不由自主地在脑海中回味这首歌的旋律。我知道这样很不好，于是决定不再想这首歌了。每次上课前我都会告诉自己要努力学习，不许开小差，但奇怪的是我怎么也控制不住，甚至越来越严重——整节课都难以从这首歌的旋律中解脱出来。我感到这首歌对我学习的影响越来越大了。

升初中的时候，我本来只考了一所很普通的初中。因为我特别想上重点高中，家里人便花了好几千元把我转到了现在这所重点初中。几千块钱对大城市的人不算什么，但对于我们这种农村的家庭，就是一个很大的数目了。如果我考不上重点高中，还有什么脸面去见我的父母。可按现在的情况发展下去，恐怕中考真的就完了。

我真后悔当初听了那首歌。我不明白的是：一首歌怎么会有如此大的吸引力？我该怎么摆脱它的控制？

（小薇）

心理点评

因为你很喜欢这首歌，并且曾经反复去听这首歌，这首歌不断出现在你的脑海就十分正常也十分自然了。其实很多人（包括我自己）都有过这种体验，是无须放在心上的。

心理学研究表明：硬要把一首歌从脑海里驱逐出去，只会弄巧成拙。事实上，令你痛苦的并不是那首歌，而是你想阻止自己的某种思想和感情的“企图”。除了顺其自然，还有别的什么办法吗？

你发现任由一首歌曲在脑海里回荡是一件很舒服的事情的时候，你为什么不抓紧时间学会这首歌并每天起床时高歌一次？如果你不喜欢这首歌了，你不妨去想一想自己突然不喜欢它的玄机。

我们一起来感受一下这首歌：宁静的夏天 / 天空中繁星点点 / 心里头有些思念 / 思念着你的脸 / 我可以假装看不见 / 也可以偷偷地想念 / 直到让我摸到你那温暖的脸 / 知了也睡了 / 安心地睡了 / 在我心里面宁静的夏天……那是个宁静的夏天 / 你来到宁夏的那一天……

歌词表达了宁夏某中学的孩子们对大学生支教老师的思念之情。而其中的意境则像一首表达少男少女情怀的朦胧诗：甜美、宁静、温暖而唯美。相信每个听过这首歌的人都会被它如梦般的意境和旋律所打动，并在某个黄昏挥之不去。

在这首歌曲中，哪句歌词最让你不能忘记或者说最让你感到痛苦？最不能忘记的那句可能就是你内心最渴望但压抑又最深的情感。这句歌词在你的意识深处不断地唤醒你，而你的理智又不断地去压抑它。在这种心理的较量中，你的痛苦就不言而喻了。而理智的压抑不仅不能降低这种渴望，相反还会激发这种渴望产生更大的能量。这就是为什么要顺其自然的原因。

除了顺其自然之外，发现并认清自己内心深处的情感需要并适当地满足它，你才能更好地面对中考，才能获得成功，而不停地内疚与自我压抑只会让你走进心灵的监牢！

优等生：请珍惜你的失落感

12月30日　星期日

当下心情：困惑

心情指数：★★★★★★★

心情故事：

我从小学到初中都是班长，成绩也很突出，周围是赞扬声一片。进入初三后，学校也很重视我，让我担任学生会的干部。也许是担任班务及社会工作太多的缘故，我的成绩渐渐不如以前那样突出了。我心里开始有某种失落感，并感到了某种莫名的威胁。初三上学期一次摸底考试，不少学生的学习成绩与我的差距开始缩小。特别是其中的一位女同学，我觉得对我的威胁是最大的，她的总分竟然高出了我15分，我感到心里很不是滋味。我觉得班务工作没劲，书也看不下去，行动也变得懒散起来。初三下学期开学后，不知不觉，我开始注意那位女生，她干什么，自己就干什么；上课注意力再也无法集中了，感到思维停顿，经常是不由自主地注意她。继而，我开始失眠，成绩开始下降，甚至在一次测验中几门课不及格。唉！我这是怎么啦？

（小优）

在一片赞扬声中，人是最容易产生自负心理的——这不是某个人的问题，而是普遍的人性弱点。所以，明智的老师或家长总会想方设

法找一些缺点来警示那些一帆风顺的学生或孩子。同样的道理，又会反过来竭尽全力找一些优点来鼓励那些失意的学生。至于那些缺点和优点是不是真正的缺点和优点并不重要，重要的是要帮助学生（孩子）们平衡好自己的内心。

无论是滑向自卑的一端，还是自负的一端，都是内心平衡被打破的结果。而这两个极端还会互相转化，即自负过后往往是自卑，而自卑之后又往往会有短暂的不稳定的自负产生。甚至有些人的自卑往往会通过自负来表现哦！

在你自负的时候，有人给你泼冷水吗？在你失落的时候，有人给你鼓劲吗？如果没有，你就需要学会利用生活中的失败与成功来平衡内心，学会在适当的时候自己给自己浇冷水或鼓信心。

他人的关注可以激励我们成长，但也可以限制我们的成长。如果家庭、学校将过多过高的期望投向你，你的成长可能就会受到一定的影响。如果此时的你不是自负又自卑，就会迅速地调整好自我，该放弃的放弃，该抓紧的抓紧，奋起直追——毕竟你是优等生啊！可惜，你没有做到这一点，你没有珍惜此时的失落感以平衡自己的内心，相反，你无法忍受失落。焦虑不安的你甚至产生了带有强迫倾向的思维——老是不由自主地注视你心中的假想敌。

要想从焦虑不安中解脱出来，接受并珍惜自己的失落感就成为关键中的关键，因为失落感其实是上帝赐予你成长的最好契机啊！

姐弟关系也需要变化

9 月 24 日　星期一

天气：阴

当下心情：苦恼

心情指数：★★★★★★★

心情故事：

我是姐姐的双胞胎弟弟，我们 15 岁，我从小就爱与姐姐亲昵。现在长大了还是这样，总想叫她把我抱在怀里，幻想着她亲吻我，我在她怀里撒娇的情景。在我的眼里，姐姐好漂亮好漂亮（事实上，她就是非常漂亮的女孩子，还很温柔，善良），我从小就爱摸她的头发，及玩弄她头上戴的发卡、蝴蝶结等女孩的美丽头饰。现在，我还是经常有这种冲动。我甚至幻想，和小时候一样，和姐姐在一起睡觉，睡在一个被窝里，让她抱着我睡。我保证我对姐姐绝对没有非分之想，但我确实是想这样。可我又怀疑这是不是姐弟恋。

因为有了这些想法，我和姐姐在一起的时候，感到十分不好意思，羞涩，腼腆。尤其是最近从亲戚那得知了一个父母隐瞒我，我一直都不知道的事，去年暑假，我在上海的小姨家暂住期间，爸爸妈妈带姐姐去了天津的大伯家串亲，那年天津自然博物馆举办名为“男孩，女孩”的性教育展览，姐姐是个从小温柔，羞涩，内向的女孩，爸爸妈妈带着 14 岁的她前去参观，由于心情过度紧张，加之天气热，在参观过程中，姐姐竟然昏了过去。幸亏及时被送到医院。姐姐当时还哭了，后来爸爸妈妈又带她去看了一次，比第一次要好多了。我也是个内向的男孩，现在我知道这件事后，总觉得不自然，很尴尬，想起来，

脑子里就会复杂了，思绪有点乱了。导致我不愿意在外人面前提到她，不愿意单独和姐姐一起出去，甚至现在和姐姐面对面说话我都会紧张心跳，我很苦恼。

（小龙）

15岁了，姐弟之间是必须有一定的疏远了，不仅是身体的疏远，还包括心理上的疏远。身体上的疏远是为了预防有关性的问题。虽然你觉得你没有非分之想，但你的幻想已经是非分的了。如果不加以克制就是有问题的，甚至是危险的！

心理上的疏远则是为了彼此的成长。也许你会认为，这样没什么啊！和姐姐在一起很开心，有什么不好？15岁的男孩子要走出家庭的圈子向外寻找心灵的空间了，如果不能在心理上和姐姐适当分离，你就不可能完成青春期的成长历程，无法成为一个真正的男子汉啊！

通过和姐姐交往学习如何和异性相处，是一种好的途径。在幼年能够和姐姐建立一种亲密的关系，从某种意义上说，为今后和其他异性建立亲密关系打下了基础。只要能把握一定的分寸，能在进入青春期后及时和姐姐在心理上分离，这不但不是坏事，还是好事呢！而从你的倾诉中可以发现，你还没有足够的勇气来和姐姐分离，也就一直没能走出儿童期的姐弟关系，建立适合青春期特点的姐弟关系。而要建立适合青春期特点的“新”的姐弟关系，关键是自己如何给自己定位，如何融入社会的问题，也就是要解决自我成长的问题。

当你感觉姐弟关系有问题的时候，你应该敏锐地认识到，这本质上是你在社会化过程中出现的成长问题。

所以，与其关注姐弟关系的问题，不如转移视线思考社会适应问题和社会交往问题。

当然，如果姐弟关系的问题已经严重影响到了你的社会适应能力，那么就应该去寻求专业系统的心理帮助了。

第四章 学习考试篇

对付考试怯场有良方

3 月 14 日　星期一

当下心情：焦虑

心情指数：★★★★★★★

心情故事：

进初中以来，每次复习我都无法集中精力。一想到考试我就心跳加速，觉得全身的血液都在沸腾，静不下心来。晚上睡觉的时候，一想到考试就无法入睡。

考场上，拿到试卷我头上便直冒冷汗，越想冷静便越心慌，甚至大脑出现一片空白。

我来自农村，家里经济条件不太好。在我们那里，女孩子念完初中后就出去打工，没有哪一家愿意送女儿念很多的书。我的情况有所不同，从一进学校我就是班里的佼佼者，每次考试的成绩都让父母感到骄傲。他们高兴，我也就快乐。小学毕业，我如愿以偿地考上了市里的重点初中。村里人都说我们王家出了状元。父母商量了一下，咬咬牙，就送我到了城里来念书。

父母劳累的身影一直让我觉得愧疚，于是我暗暗发誓要用更好的学习成绩来回报他们的付出。第一次月考很快来临，我拼命地学习，希望能像小学时那样，一鸣惊人，用优异的成绩换取父母的开心一笑。可同时，我也对自己说，现在不比以前了，现在我处在一个强手如林

的环境中，我能脱颖而出吗？每当这时，我便紧张得头上直冒汗，怎么也无法集中精力。第一次月考的成绩可想而知。那次月考后，以后的每一次月考，我都会在临近考试时有这些症状，有时候离考试还有半个月我就开始紧张。现在初二了，我的学习成绩还没有一点起色，一次次让父母伤心失望。我真的不知道该怎么办。

（化名：王燕）

心理点评

王燕同学这是典型的“考试焦虑症”，也就是俗称的“怯场”。很显然，她对自己期望值很高，但又未能实现既定目标。她的考试焦虑症，

就是由于长期以来背负着压力形成的。心理学认为，适当的紧张可以给学习者一些心理压力，提高思维张力，强化学习动力，但过度的焦虑则会降低学习效率，使应考能力下降，甚至影响健康。消除考试焦虑症可采取以下方法。

1. 理性思维的重建：有考试焦虑的学生，大多存在一些非理性的认识。比如王燕同学把所有的希望包括父母的希望都寄托在自己的一次或几次考试上面。这里面一定有不正确的观念，需要在心理辅导中予以澄清。

2. 给自己正面的心理暗示：进入考场时不要给自己负面暗示，如“千万不要考砸了，不然太对不起妈妈了”，“糟糕，我还没有复习好呢，这次一定完蛋了”等，而应该给自己正面的暗示，如“我已经准备好了，完全有能力应付考试”或“即使遇到不会做的题目也不要紧，用不着争满分”等。

3. 加强自信心训练：平时可尝试列出影响你自信的原因，然后一一驳斥（括号内为驳斥理由）。如“我担心我脑子太笨，考不过别人。”（这种担心是多余的，没有笨学生，只有不够努力的学生。）“担心题目太偏、太难。”（题目难易程度是针对所有人的，你觉得偏了、难了，别人也一样。）“我平时学习一贯都可以，就怕考试出现意外。”（只要你准备好了，出意外的可能性就小多了。）

4. 系统脱敏法消除焦虑：用系统脱敏法来消除考试焦虑。第一步，把引起你考试紧张的考试情境，按刺激强度由弱到强排成队，想象成参加考试前的一系列情境。比如：临近考试复习时的情境、考试前一天的情境、准备进入考场前的情境、进入考场答题前的情境、开始答题时的情境，等等。第二步，利用想象进行脱敏训练。从刺激强度最弱的情境开始，尽可能逼真地想象情境中的环境和自己的内心体验。有焦虑反应时，进行放松，直到焦虑消除，再进行下一个情境的训练，直到不再感到紧张。

考试焦虑症确实较严重的学生，应在考前早些时候开始训练，只要坚持，就会有成效。准备充分，沉着应战，你就一定可以消除考试焦虑症！

感受学习生活本身的快乐

10月22日 星期一

心情故事：

我们学校每年的教师节都要放两天假，老师放，学生自然也要放。因为9月1号开学之后才在学校上了一个星期的课，所以回家对我们并没有引起太大的兴奋。

农村的这个季节正是农忙的时候，学生们回家还可以帮忙干些家务活。当然，我家也不例外。平时都是妈妈一个人在家，现在爸爸白天也得回来帮忙了。爸爸上的是夜班，大概是9个小时。清晨赶回来，便又开始了一天农忙的生活。他似乎不累，就连午睡也仅仅是躺半个多小时，而且并没睡着。爸爸就这样不分昼夜地干活，我和妈妈都是看在眼里，疼在心里。

伴着星星和月亮，爸爸奔波在上夜班的小路上；顶着火辣辣的太阳，爸爸忙碌在一望无际的稻田里。他这样拼命地干活，目的只有一个，就是希望他的两个女儿能够书读得好一点，生活过得好一点。我没有见过爸爸在月光下干活的情景，因为爸爸不让我晚上下地里去。倒是白天他伛偻劳作的情形在我心里清晰如画。那黄灿灿的稻谷随着微风如波浪一般不断地起伏。在波浪里，有一个始终弯着身子的人。稻谷在他的面前不断地倒下，颗颗汗珠从他的额头不断地滚落到干涸的土地里。

付出几多艰辛之后，稻谷终于收到了家中的粮仓。这时，他们疲惫的身心才能得到彻底的放松。

在晚上，家里没有剥完的棉花又落到妈妈的手中。她经常会干到半夜。只有看见棉花全部聚集在一起像一座雪山的时候，妈妈才会露出会心的一笑。

就这样，他们都在为这个家劳累着，无怨无悔。也许在他们心中，只有挣够足够的钱让两个女儿能无忧无虑地读书，长大后不再做农民就是一直支撑着他们的信念。殊不知，他们的两个女儿最希望的是他们能够健康平安幸福快乐。爸妈，你们歇会儿吧！

（小玲）

心理点评

父母辛苦地劳动是为了什么？当然很多时候是为了孩子们的幸福，但是如果完全是为了孩子，即把所有的希望都寄托在孩子身上，而放弃作为一个独立的个体所应该追求的幸福，或者说失去了劳动本身所带来的快乐，那么父母爱孩子的行为就成为一种异化，成为孩子“不能承受的生命之重”。

小玲的父母是不是把全部的希望都寄托在了孩子的身上？可能是，因为小玲说她的父母“只有挣够足够的钱让两个女儿能无忧无虑地读书，长大后不再做农民就是一直支撑着他们的信念。”但也可能不是，因为小玲在日记中分明也感受到了父母在劳动之后所得到的成就感，感受到了父母从劳动本身获得的快乐。

我们无法判断小玲父母的精神境界，但是我们至少可以判断小玲本人的心理状态，这就是：在觉得父母为自己而活的背后是将自己放在为别人而学习（或者为别人而活）的地位上。这样的心理状态看起来是一种亲情的传递，而实质上是一种自我独立意识的式微，往往容易造成一个人对外界的过分依赖。

总之，不管是父母确实将希望都寄托在孩子身上，还是孩子以为父母将希望都寄托在自己身上，都是有问题的！

而只有感受学习生活本身的快乐，为自己而活，才能够真正做到爱自己和爱别人，才会有真正幸福的人生！

有目标才会有动力

10月4日　星期二

当下心情：期待

心情指数：★★★★★★★

心情故事：

现在已经是初三了。按理来说，初三的学习应该让我感到紧张才对啊！可是我怎么也紧张不起来，因为我根本就不学习，可以说就是学不进去。可是，马上要面临中考，考不上，我会很难过，也会让别人看不起。我试过，要好好地学习，可是每次都坚持不住。再说，课程已经落下了好多，根本就不知道从何处学起。一看书头就晕，就想睡觉。老师对我也没有什么信心啦！根本就不理我。我也是个女生呢！享受老师这种待遇，心里就更不舒服了！为这事，我愁了好长时间。虽然我不喜欢学习，但既然是初三了，我也想考上好一点的高中。可是我真的是学不进去啊！怎么办啊??谁能帮帮我？谁能给我一个好的办法吗？让我对学习有信心，让我喜欢上学习！

心理点评

不喜欢学习的现状是各种因素一起长期累积的结果，要想马上有显著的改变是比较困难的。但改变也不是不可能的。

首先，你需要及早做一下职业规划。了解和自己个性与特长相

匹配的职业发展方向，将有助于走出迷茫，从而发现学习的兴趣。

其次，你可以找中考方面的行家（比如长期教初三的班主任就很有经验）分析你的现状，给自己制定一个符合你实际情况的具体的中考复习计划。

在完成计划的过程中，我想，你首先可以让你的好朋友来帮助你。“某某学友，我以后要是再有一次不认真完成作业，我就请你吃雪糕，两次不认真我就给你洗一周的衣服。如果我说话不算数，你就告诉全班同学，我这个人将来不会有出息！”

你还可以要求你的父母监督你：“我再偷懒，您就不给零花钱了，还可以卖掉我的电脑。您也不要为我做好吃的！如果我努力了，您一定要为我做最爱吃的菜！”

如果你真的有决心解决这个老大难的问题，就千万别对自己客气，一定要奖惩分明：按要求做到了，给自己想要的礼物；违约了，严惩不怠！

男孩考试为何总要上厕所

10月24日　星期一

当下心情：茫然无助

心情指数：★★★★★★★

心情故事：

我身体很健康。奇怪的是：在初二期中考试期间，我不断地想上厕所。可是到了厕所又没有要上的意思了。那次的考试自然很失败。过后，我发现自己连两节课都不能坚持了，而必须一节课去一次厕所。再后来，问题更严重了。只要上课就想上厕所，但下课铃一响又不想去了……我实在受不了了！我的成绩在下降。我不想上学了。可是我又不甘心就这样毁掉自己的前途。我的家庭并不宽裕。爸爸妈妈是出了一两万的赞助费才把我送进这所重点初中的。爸爸妈妈对我寄予了多大的希望啊！我就这样在痛苦中不停地挣扎。我仿佛茫茫大海中一只孤独的小船，不知道何时能找到我的出口和方向。

心理点评

很显然你的问题不是生理上的问题。生理上的问题不会因为下课铃一响就消失。这很显然是心理上的问题。而心理上的问题可能涉及到两种心理防御机制："退行"和"文饰"现象。

首先说"退行"。退行是指一个人在遭受外部压力和内心冲突不

能处理时，借退化回到幼稚行为以使自己感到舒服、获得安慰的一种心理防御机制。随着年龄的增长，一个人的人格是以循序渐进的方式逐步走向成熟的。其应对事情的方式也会随着人格的成熟而日趋成熟。比如，人格还很幼稚的幼儿遇到不如意的事情，就会以大哭来应对；而相对成熟的青少年则不会这样，而是可能用摔东西发脾气等来应对；至于人格已经趋于稳定的中年人则会用一些娱乐活动来化解不如意。但是，有些青少年甚至成人朋友在遇到挫折后，会放弃已经学会的比较成熟的适应技巧或方式，而恢复使用原先比较幼稚的方式去应对，或满足自己的欲望，这就是退行。退行往往发生在一些自我无法面对的突发事件来临之际。你初二考试时不断去厕所的行为，可能就是你在无意识中运用退行这种心理防御机制来逃避考试压力：由于各种主观和客观的原因，你可能对考试的压力已经难以承受，但是不承受又不行。一个学生如果连考试都不敢面对，那会有什么希望呢？所以，你在无意识中选择退行的方式可以调和这一对矛盾。

而退行方式之所以可以减轻内心的压力和痛苦，则又是“文饰”在起作用：不是我在逃避考试，你看，我是有问题的人，你们应该原谅我！所以，采用文饰防御机制目的就是为了减轻自己内心的压力，也是为了获得心灵的安宁。

当然这些心理防御机制都是在无意识中进行的，你不可能意识到，所以你也不需要自责，更不能认为自己在欺骗老师和家长。但是你又不能继续这种幼稚的应对，而应该采用一些积极的应对方法：即学会积极主动地减压。而减压的首要条件是改变自己对结果的过分关注，让自己体验学习本身的乐趣。学习本身也有压力，但本身的压力比较短暂也容易解决，解决之后还会产生愉悦感，所以一般不会让人长期焦虑；而学习结果的压力比较漫长，如果自信心不足就会引发长期焦虑。其次，转变了认识之后，还需要调整自己的作息，

给自己安排适当的娱乐时间。

当你把考试当成一件平常事的时候，你的心理压力就会大大地减轻，总想上厕所的困扰也就不会存在了。

转学可能是一种消极应对方式

11月18日　星期日

当下心情：困惑

心情指数：★★★★★★★

心情故事：

在小学的时候，我一直很刻苦也很自信，是老师和同学们心中的佼佼者。升初中时，我顺利地考上了市里的重点初中。由于这所初中离我家较远，我不得不一开始就在学校住宿，这让我很不习惯。特别是看到身边成绩比我好的同学比比皆是，多才多艺的同学成天在我面前炫耀，我感到自己一下子变成了丑小鸭。我的睡眠开始出现问题，学习效率大幅下降，成绩在班上始终处于中等水平。

到了初二，父母再三考虑，将我转到离家较近的一所普通学校读书。在那里，虽然我成绩算最好的，但学习效率却达不到我的要求。同时，我还要顶着周围人给我带来的压力：你是重点学校的学生，如果学不好，会很丢脸！

我也试着疏导自己让自己放松心情，但是每隔一段时间我的心情便会因学习效果不好而落入低谷。我是真的很尽力地在学习了，可是每每到了一个阶段，我就会一点东西也学不进去。想出去玩吧又觉得浪费时间，索性就发呆，真是让我痛苦死了。

现在连我自己也说不清楚，在普通学校做鸡头，在重点中学做凤尾，到底哪个选择是正确的？

（倾诉者：小龙）

心理点评

小龙同学，初一那一年，其实你已经非常成功了！既然是重点中学，

那么班上的同学肯定都是出类拔萃的。能够在出类拔萃的学生中处于中等水平，那你还是出类拔萃的啊！而你取得的出类拔萃的成绩竟然还是在对环境很不适应、失眠自卑的情况下取得的——这说明你还有很大的潜力可以挖掘哦！如果你能及时调整好心态，努力去适应环境的话，你的进步一定会很大的。可惜的是，你和你的父母都没有认识到这一点。最终选择了转学这条路。

在此要提醒家长们注意的是：转学可能是一种消极的应对方式。

孩子在学校出现了一些适应上的问题其实是一件好事情，因为这及时暴露了孩子在成长过程中的某些缺陷。如果家长能够抓住这个契机鼓励孩子接受现实面对现实，就能帮助孩子弥补缺陷并最终获得心灵上的成长——为将来的幸福人生奠定坚实的基础。

那么你成长中的缺陷是什么呢？我推测：可能是处理人际关系的能力有点欠缺，性格上有些自我封闭，也可能是过于自我中心，还可能是对自己有一些不合理的信念，对生活有一些不合理的要求等等。这些问题在什么地方出现就要在什么地方解决，是不能逃避的。逃避之后，要么是这些问题还继续困扰着自己，要么是被一些假相所掩盖——这样问题会更大！

你转到一所普通学校之后，很显然，你的问题并没有得到解决。而你不停地思考所谓鸡头凤尾的问题其实是没有价值的。这不过是你焦虑心理的体现罢了。而要减轻你的焦虑，我有三个建议供你参考：

1. 努力培养自己的人际交往能力。和谐的人际关系、丰富的人际交往是心理健康的重要指标。

2. 将自己的奋斗目标分解成一个个容易实现的小目标，这样你就能时刻感受到自己的成功。心中的焦虑和不安就会自动消除。当然，如何分解目标也是一门学问，必要的时候需要有老师的指导。

3. 想玩的时候就开心地去玩，不要一个人在那里发呆。玩不是浪费时间——只要不是无节制地玩，玩是为了更好地学；再说我们的某些知识还必须通过玩才能获得呢！而一个人发呆，不仅浪费时间，而且会对我们的心理健康造成威胁，是一定要避免的哦！

不让焦虑成为学习的象征

3 月 26 日　星期三

当下心情：痛苦

心情指数：★★★★★

心情故事：

终于，我来到了烽火连天的初三。还有几个月，我就要走进决定命运的中考考场了。此时的我内心充满了焦虑和不安，甚至还有绝望。我非常想上重点高中，可是我的学习成绩一直都很差。并不是我不用功不努力。在学校，我除了吃饭、睡觉，我几乎将自己所有的时间都用在学习上了，但学习成绩一直没有丝毫起色。我现在最怀疑的一句话就是什么“一分耕耘，一分收获”。对于我来说，哪怕是“十分耕耘，一分收获”也是一种安慰啊！难道是我贫瘠的心灵不适合耕耘？

近段时间，随着中考的日趋临近，我感到特别焦虑，晚上对着书本什么也看不进去。放下书去睡觉却怎么也睡不着。无法入睡的夜晚，想到辛辛苦苦供我上学的父母，我就觉得自己真的很没用，恨不得狠狠地抽自己的嘴巴才能安心一些。

我不知道再这样煎熬下去，我还能支撑多久。身边有些成绩不好的学生已经放弃了。难道我也只能接受失败的人生吗？我真的真的不甘心！

（小华）

心理点评

在我们面对学习（特别是中考、高考）的压力时，一些非理性的认知往往导致了大量的焦虑情绪。比如什么“考不上大学我就彻底完了，

没戏了”、什么“考不上重点高中我就对不起自己的父母”等等。有了这些非理性的认知之后，我们就很容易用一些非理性的行为来对待学习。比如小华同学将所有的时间都拿来学习，不注意休息和娱乐就是一种非理性的行为。而这种非理性的学习方式本身就是焦虑情绪的直接体现。用这种方式去学习，其实不是在“耕耘”，而是在“乱耘”。当然不会有什么好收成了。

所以，对于小华同学来说，问题的本质不是要不要放弃学习，而是怎么样消除焦虑，或者说如何将焦虑与学习分离。

首先，当然是学会用理性思维代替非理性的思维。小华同学不妨在心里大声对自己说：学习是幸福快乐的而不是紧张焦虑的！在焦虑困扰中学习是没有效果的！快乐学习才是最有效率的！我快乐才能带

给父母快乐！只要我用微笑面对中考，即使失利，我也会看到希望！等等。

其次，学会把焦虑从学习活动中分离出去。当焦虑严重的时候，能够清楚地告诉自己：让我感到焦虑的并不是学习，而是我本身的心态。如果我不能在学习的过程中消除焦虑，那么就将焦虑消除在学习之前吧！

至于如何在中考之前消除焦虑，有如下几点建议。

1. 正确认识自我。只有这样才不会因为低估自己而放弃，也不会因为高估自己而陷入困境。考试临近，考生要对自己的学习能力、状况等有一个正确的认识，为自己定下一个较为现实的目标。应该充分认识到自己在哪些方面还做得不够，鼓起勇气、树立信心、战胜自我。平时模拟考试不理想的考生，可从模拟考试中找出不足与弱项，有针对性地查缺补漏，而不是灰心失望。事实上，中考是考查学生平时实际能力和知识水平的最后“关口”，只要正常发挥，把会做的题目都做出来了，就会取得属于自己的好成绩。

2. 学会一些必要的放松训练。比如：焦虑来临的时候不妨试一试：放松地坐着，双脚着地，与肩同宽，排除杂念，意念集中。然后用暗示的方法，自己给自己下达松弛的指令，从头部开始，到颈部、胸部、腹部、双手，最后到双脚。每天做一次，每次约 10 分钟。松弛训练的要点是先紧张后放松，在感受紧张之后再充分体验放松的效果。比如腹部放松就是先收腹，保持 10 秒钟左右，然后放松。

3. 学会一些积极的自我暗示。如：坚信学习及考试焦虑是可以克服的，反复对自己说“我感到很轻松”，树立“自己一定能考好”的信心。考生自己可以编一些鼓励自己的话，如“这次考试我一定能考出水平来”，“这道题难度不小，我不会做，别人也未必知道如何做”。平时脑海里有紧张的念头时就用这句话来压它，这种积极暗示的方法很有效。

最后，值得说明的是：适当的焦虑是可以提高学习效率的，是不需要消除的。

拒绝老师安慰，你才能真正消除考试紧张

5月6日　星期日

当下心情：焦虑

心情指数：★★★★★★★

心情故事：

我已经上初三了，长得高高大大，别人都说我已经是一个男子汉模样了。可是我这个看上去高大威猛的男生，偏偏有个“要命”的毛病——一考试就紧张。我的紧张和别人不一样，别人考试也许只会紧张一时，三五分钟就过去了，可我不是。考试前准备进考场，看到同学私下里交谈我会紧张；拿到考卷，我会告诉自己一定小心谨慎，要拿满分……我就已经紧张得满脑子空白，顺脖子流汗了。

考试，那是闹着玩的吗？现在，班主任老师总是安慰我，监考的也是本校老师，他们知道我的毛病，每次都给我一点儿特殊照顾——拍拍我肩膀、在我的耳边安慰几句，甚至说“没关系，给你延几分钟”。当然，哪一次老师也没为我延时，但听到这样的话，我就会慢慢安静下来。

我特别害怕中考，到时候，换考场、换学校，谁知道由谁监考，肯定没人安慰我了。实际上，我平时成绩很好，一点儿问题都没有，就是一考就“糊”，心理素质太差。我知道，我把考试看得太重，把分数看得太重，把别人对自己的评价看得太重……中考一天天临近，我可怎么办啊？

（小可）

心理点评

这是一个因为缺乏平常心而影响考试发挥的例子，同时也是一个老师和学生共同“合作”强化了学生紧张恐惧心理的例子。心理健康知识普及的过程，也是一些心理健康知识被误解的过程，比如对于某些考生的考试焦虑和紧张心理，老师在一些必要的疏导之后是需要忽略的，是需要让学生自己去面对的，是必须相信学生有面对困难并自我调节的能力的。而每次都要监考老师给予小可一些特别的安慰，这本身就是最大的问题，因为这是不相信学生内心潜能的表现，是对学生紧张焦虑进行强化的过程：考试时的紧张焦虑得到了被关注、被优待的“好处”，当然下次还要继续紧张焦虑——只是这种强化过程是在学生潜意识中进行的，学生是意识不到的，但我们的老师是应该意识到的。我们说，偶尔在考试中给予那些特别紧张的学生一些安慰是必要的。如果一个学生反复出现需要安慰的现象，老师就必须反思这种安慰的真正效果了。

日记中的小可首先要在考试前消除一些引起紧张的想法。如在考前“告诉自己一定小心谨慎，要拿满分”，就是不适合他的想法，能不能改成“我此时的心情很不错，我一定会发挥得不错！考试中出错是在所难免的，我不需要满分，我只需要自己开心地做题！”如果这样还是不能消除紧张，还可以自己尝试一下下面的放松小游戏：交替呼吸法。首先请你坐好，将右手的中指和示指放在前额，用拇指将右鼻翼压住，用左鼻孔慢慢吸气。用无名指按住左鼻翼，将拇指放松，张开右鼻孔。慢慢将空气由右鼻孔呼出。然后以相同方法，由右鼻孔吸气，由左鼻孔呼出，两鼻孔交替进行呼吸，如此进行五轮。

最后，要特别强调的是，此时的小可只有拒绝老师的安慰，才能真正面对紧张并最终克服紧张！

考试中的强迫症状可能是因紧张焦虑而起

5月1日　星期二

当下心情：困惑

心情指数：★★★★★★★

心情故事：

现在已经是初三了。同学们的学习都很紧张，我也不例外。但我比同学们又多了一项——心理的强迫症状。其实，很早我就发现，自己在极度的压力下形成了十分苛求完美的强迫型人格，因为我总是在一些小事情小细节上钻牛角尖。比如，我不喜欢自己的课本和作业本上有折痕或破损，写字稍有不整，我都要修改等等。对于这些问题，我都有意识地进行了调整，所以没有对学习和生活造成过多的影响。然而，今年初考写作文时，我很清楚自己并非写不出，只是一直在追求语言的完美、精准，脑子里出现的语句我都会反复又反复地思考、更换，结果导致大作文没写完，小作文没来得及写。现在回想当时的状态，感觉这种意念就像是一种已经养成的习惯而控制不住，所以影响了考试成绩。如果我还这样下去，一定会影响我明年的中考的。我甚至怀疑自己是不是精神上出了问题！这是多么可怕的事情。我多么希望用放松的心态面对中考啊！

（小辉）

现在，一些心理健康方面的书籍会时常出现在我们的视野中。在看过一些关于心理问题、心理疾病的介绍后，学生朋友往往会不自觉

地将一些症状和自己挂上钩，并很随意地给自己贴上某种心理问题或心理疾病的标签。这种做法不仅在学生中存在，就是在成年人中也广泛地存在着，它不仅不利于自我心态的调整，还会无端给自己增加心理负担，增加心理上的痛苦。

其实，诊断一些心理现象是不是属于心理疾病是要相当谨慎的，要经过大量论证与排查的。是绝对不能凭自己的感觉来下结论的。

小辉在日记中说自己是强迫型人格就是十分草率的。实际上，诸如“不喜欢自己的课本和作业本上有折痕或破损，写字稍有不整，我都要修改”的现象在很多人身上都会出现，而追求完美只要是保持在一定的范围内，根本就不算什么问题，有时还是一种很好的品质——是某些事业成功人士的心理特质。而既然小辉平时还能够进行自我心理调整，就很难说是强迫型人格障碍了，因为人格障碍仅仅依靠自我心理调节是很难有效果的。真正的人格障碍一般需要自我心理调整与心理治疗相互配合才会有比较好的效果。

根据小辉的叙述，他当初的强迫倾向是因考试而起，而现在的强迫倾向再次出现也主要是因为考试，所以我们推断：小辉可能存在比较严重的考试焦虑。而严重的考试焦虑是会产生一些强迫症状的。因此，放弃对所谓“强迫症状”的关注，本着“顺其自然，为所当为”的原则去学习的同时，想办法消除对考试的紧张与焦虑才是目前心理调整的主要方向。

在减轻考试紧张焦虑方面，加强体育锻炼、参加娱乐活动、掌握必要的放松技巧都是必须的，而掌握一些考试的技巧也是非常重要的。比如，拿到试卷后不急于动笔答题，用五至十分钟的时间浏览试卷，对题目难易程度、赋分多少有一个初步的了解，在心中将答题时间做一个合理的安排，然后开始答卷。首先要做那些简单而且短小的题目，随着答题的顺手以及心情的愉悦，你的思维就会活跃起来，自然而然你就能以良好的状态完成考试。

做到了以上几点，相信你就一定能用放松的心态面对中考了！

附录：介绍四种考前复习方法

1. 分散复习

许多心理学的实验表明：分散复习，即平常分次进行复习的效果要高于集中复习。这是因为集中复习的时间过于集中，内容过多，容易引起大脑皮层细胞的疲劳，使其兴奋性降低，不能获得良好的复习效果。在分散复习时，要注意每次复习间隔不宜过短，否则近似于集中复习；但间隔也不宜过长，否则难免有所遗忘。比较好的办法是，最初复习时间隔短一些，每次复习的时间间隔可以逐渐延长。

2. 变化复习

许多同学在复习时喜欢独自一个人向隅而坐，死记硬背。这种复习方式虽然也有效，但不如采用多样化的复习方式效果好。这是因为前者实际上是一种单调的刺激，而任何单调的刺激反复作用于大脑中枢，都会使脑神经细胞产生疲劳，使之很快从兴奋状态转入抑制状态，最后进入昏昏欲睡的状态。反之，若能采用相互讨论、问答、自测，以及把已学过的知识进行比较、对照并对它们进行归类等多种复习方式，并动员多种感官参与，这样能变单调为有趣，还可以调动复习的主动性和积极性，提高复习效果。

3. 尝试回忆

在复习时，如果总是单纯地重复阅读，效果往往不好。应该在材料还没有完全记住前就尝试积极地回忆，回忆不起来再读。心理学家发现，尝试回忆是一个自我检测的过程，能使整个复习过程更具有目的性和针对性，是一种比阅读更积极的过程。它要求大脑更积极地活动，

同时又是一种自我检查、自我监督的过程，让人可以有重点地去复习不能回忆的部分或改正回忆中的错误，因此是提高学习积极性和学习效率的重要方法。

4. 及时复习

每天要及时复习前一天所学的东西。根据德国心理学家艾宾浩斯著名的研究成果“遗忘曲线”，人的遗忘速度是先快后慢的，因此如果能及时复习，也就是在自己对所学的材料还没有遗忘的情况下，用不多的时间把所学的东西及时巩固住。

有许多学习者，对于所学的东西没有能及时复习，结果等到他们想复习的时候，学习的内容已经完全遗忘了。于是他们又得花和原来同样甚至是更多的时间重新学习，这就很费时间而不值得了。

第五章 青春性心理篇

相爱总是简单，相处太难

8 月 13 日　星期一

心情素描：

我即将踏进高中的大门，本应该是在美好的憧憬中度过，但我现在却一直被一个问题所困扰。

初三上学期，我爱上了班里的一个女生。我们相隔几张课桌，说话不是很多，经常通过传字条来交流。那时，我一接到她的字条就有一种很甜蜜的感觉，脑中整天浮现着她的倩影。最让我感动的是去年的除夕之前，她送给我一个水晶苹果，还说希望我将来不要忘了她。那时我已经暗下决心努力学习，中考结束之后就向她表白。

可初三下学期，老师将她调到了我前面后，一切都变了。

刚开始我们很好，可一段时间后，我发现她逐渐对我冷淡起来。她经常与我的同伴说话，却很少理我。

我很苦恼，我不知道自己究竟做错了什么。她曾经说过她一直把我当成她最好的朋友，可她为什么变得对我爱理不理的了？我是自尊心很强的人，受不了这样，就干脆不和她说话了，她问我什么事情我都故意装得很冷淡。后来，她也看出来了，也不再与我说话。就这样一直到中考结束，我们之间没有再说过话。

在这两个多月的暑假里，我努力想把她忘记，可我发现自己真的做不到。我会经常想起她对我的好，想起她迷人的微笑。我发现我对她的

恨在一点一点地消退，我好像又一次地爱上她了。我真的想开口对她说："我喜欢你！"可我根本就见不到她，根本不知道她在哪里。我每天都上QQ，可她的头像总是暗的。我真希望与她好好地谈一次。

心理点评

有句歌词叫：相爱总是简单，相处太难。

我们先假定你们之间的感情是爱情（实际上仅仅是一点爱的火花或者叫爱的萌芽），但爱情的成长需要以彼此心智的成熟为基础，或者说爱情要以促进彼此心智的成长为目标。很显然，你和她的心智都还不够成熟到承受彼此感情的程度。彼此之间的误会是因为沟通缺乏，而沟通缺乏则是因为彼此都还没有完全走出“自我中心”。同时，由于初三巨大的学习压力，现实中也没有足够的条件来促使你们在爱情中走向成熟。

当你们相隔几张课桌通过传字条来交流的时候，由于空间上的距离，你们都可以按照自己心目中理想的恋人形象来想象对方，因此彼此都获得了一种满足。但这种满足是虚幻的，也就是说，是在用自己的幻想满足自己。而一旦你们坐在一起，想象的空间就没有了，彼此都要面对一个真实的存在的时候，感觉肯定都有些不同。特别是她作为一个女孩子，坐在你的前面，她要和你说话就必须转过头来才有可能。自己要经常转过来找一个男孩子说话，对一个矜持的女孩子来说，心理上肯定有些不舒服。同时，她转过来之后，自然就和你以及你的同桌一起形成了三角关系。三角关系在人际关系中又是属于比较敏感的一种关系。因此，她对你的冷落除了因为失去对你的想象空间之外，还有一种可能就是为了激发你的醋意。而你就真的吃醋了，并且吃醋吃得忘记了她的好，只记得对她的恨了。

这样看来，你们目前的这种结局其实是最好的结局。至于你目前对她的思念，那不过是你在完成一个未完成的梦，而这个梦曾试图在一个不恰当的时间和一个不恰当的场合来成真。此时的你只是不甘心它如泡沫一般地消散而已。

恋爱好比读大学，念什么学校并不是最重要的，想学到什么本领、提高什么素质才是最关键的。

不追女孩，生活就没动力

6月13日　星期日

当下心情：困惑

心情指数：★★★★

心情故事：

我现在15岁，我发现我如果一没有要追求的女孩，生活就毫无动力，什么学习、孝顺父母啥的都忘了，是个很自私的人。

但是一追起女孩来，就会努力改掉这些毛病，对生活非常有冲劲。来向她展示自己的优点。

我一个大男子汉，难道不追个女孩来帮助自己成长，就干不了大事吗？

苦恼死了，一追不到女孩，一没有喜欢自己的女孩，好像就对目标和生活中其他事物不感兴趣，连最基本的“孝”都忘了……我要怎么做才能改掉这个毛病？我不想被“情”拖累，因为“爱”已经让我损失了很多了。

心理点评

你的问题涉及了心理学精神分析学派上的一个巨大的课题。精神分析学派的创始人弗洛伊德认为“性”，也就是力比多（libido），是生命最本质的动力。在弗洛伊德眼里，力比多是创造力的源泉，甚至就是创造力的象征。而过分压抑力比多就可能诱发各种神经症。

弗洛伊德的力比多理论在精神疾病诊疗、心理治疗以及社会人文科学领域都产生了很大的影响。而你认为不追女孩，“生活就毫无动力”的想法正好与这个理论不谋而合呢。

但是，这种泛性论的思想在后来越来越受到人们的质疑和批判。批评最多的就是弗洛伊德将任何心理动力都和性欲联系起来，不仅不能让人信服，也很难让人接受。对他批判最多也最深刻的竟然是他的弟子们，如阿德勒和荣格。阿德勒认为自卑、超越和补偿是心理的动力所在；而荣格也认为性只是人全部驱力中的一部分而已，很多心理现象需要从性以外进行解释，如情结、集体无意识等。

总之，性驱力虽然是心理动力的一种，但它的力量是很有限的。在人的心理层面还存在着许多后天由责任感、成就感等形成的社会性需要，即社会性内驱力。对于正在成长中的青少年来说，不要过分压抑自己的力比多，但也不能放任自己的力比多泛滥。否则，不但会忽视培育更为重要的社会性内驱力，使自己缺乏更持久更远大的精神追求，还可能造成自己与社会文化道德的冲突，给自己的生活和学习造成不利的影响。

知道了这个道理之后，我们再分析你目前的心理状态。在你这个年龄，追求女孩子是一种很正常的心理需要。只要不过分，是不需要压抑的。不过，满足这种心理需要的方式可以适当地改变一下：能不能变直接的短期的追求为间接的长期的追求？努力学习提高自己的修养学识本身就是在吸引女孩子，就是间接而长期的追求啊！而多在集体活动中满足自己和女孩子相处的需要也是很好的方式和途径。

另外，如果你确实感到自己对性驱力的依赖有些过分了，那么，可以尝试通过培养自己的社会责任感和成就感来降低这种依赖。

如何对待青春期的性幻想

10月24日　星期三

当下心情：困惑

心情指数：★★★★★

心情故事：

小时候看电视都是见到男的女的之间有爱情，然后总是有个破坏的人把那个女的怎么样了，甚至是把她强暴了。这样的电视剧看多了，我就不知道男生和女生之间除了那种关系之外，还有没有别的什么关系了。现在我已经上初中了，和男生说话什么的，就总是觉得他好像要对我怎么样，很是害怕。当看见男同学打女同学的头时或其他的亲密动作，总是觉得他们是在调情。即使男孩看一眼女孩，我也会觉得他是不是喜欢上那个女孩了。尽管我不知道调情是什么，但我总是这么想。想了之后又怕别人知道了我的想法。当男生看我时，我也总有他是否喜欢我的想法，有了这种想法后非常害怕，就总是看自己的胸部。这种想法已经严重影响了我和同学们的正常相处。我究竟是是怎么了？

（小苇）

曾经有一个17岁的男孩子给我写信说：不知道是受什么思想影响，我一看到漂亮女生就不由得往爱情那方面想，后来时间长了以后，许多原来关系好的女生都好像有意识地远离我，弄得我现在异性朋

友只剩下了一个，而且还是在网络上。我还是班长呢！我是不是很变态啊？

其实，这个男孩子和你一样，都不过是青春期的性幻想过多而已。所不同的是，这个男生是直接的性幻想，而你除了直接的性幻想（如男生看你一眼，你就想他是否喜欢自己了），更多的是把自己的性幻想投射到别人的身上以减轻自己的心理压力。投射作用是一种把能引起内心不安、自己不愿意承认的某些行为、欲望、态度等，排除于自身之外，推向别人或周围事物上去的心理防御机制。你总认为同学们在调情的想法就是一种典型的投射作用。而经过投射之后的性幻想从本质上还是性幻想，所以同样需要一定的转移和克制。

青春期出现一些性幻想，是正常的心理现象。社会上大量书刊、电影、广告及商业性的泛滥成灾的性信息的影响，都会诱发青少年过多的性幻想。全社会应该积极开展“扫黄”运动，减少对青少年的性刺激，使其转移到健康向上的学习和娱乐中去；另一方面也应通过意志与性格的锻炼培养，使青少年正确对待性幻想，增强自制力，不为社会上不良因素所腐蚀和引诱。

从本质上讲，性幻想是性成熟的标志，是没有什么坏处的。完全没有性幻想的人，其性心理是有缺陷的。但过多的性幻想，特别是对正处于紧张学习中的青少年来说是有害的。这会分散学习的精力，要适当克制与收敛，要学会控制性幻想的发生频率，以防止误入歧途和发展为心理障碍。

而从你在日记中的叙述来看，你的性幻想是明显地过多了。而你将性幻想过多的原因归结于小时侯看过的电视剧。我想，你找到的只是表面的原因，深层次的原因还需要找专业人士做深入的咨询和探讨，仅凭日记中的一点信息是无法推测出来的。

我是不是同性恋

10月7日　星期日

当下心情：苦闷

心情指数：★★★★★★★

心情故事：

我和璎的缘分始于初二那年，班主任把我们安排成同桌。一开始，我对老师的安排很反对，因为我们完全是两个世界的人，璎的性格活泼开朗，我的性格沉静温柔，和她在一起，我觉得容易失去自我。然而，和璎做同桌的第一天，她就给了我一个大大的、热烈的拥抱表示欢迎，我记得我当即红了脸，慌张地低下头去，搅动着衣服，惊得一句话也说不出来。当时，就觉得在错愕之余，心底里还隐隐地流动着某种说不出的温暖和感动：或许，我从前真的错了。

往后的日子里，我和璎相安无事，时间一久，也就淡化了我们之间的生疏。璎对我真的很好，同学传本子不小心掉到了地上，她会替我钻下去捡起；课堂上我没有带材料，她就把她的给我，自己去挨老师一顿痛骂；体育课上，我们要跑800米，她自己跑完了，接着为了鼓励我而和我一起跑；我被不太讨人喜欢的人缠上了，她会拉着我的手说老师有事找我……实在有太多太多的事情了，我原本就是个心思细腻的人，眼看着她对我源源不断地付出，又怎么会不感动呢？

渐渐地，我和她成了班级里最形影不离的好朋友。和她在一起，我感觉到很放松，很安全，也很信任，我可以在她面前展现真实的自己，不需要像对别人那样提防着。现在回想起来，我还是觉得真是难以想象，像璎这么个大大咧咧的女孩子，竟然也会愿意耐下性子来，去倾听一

个对月伤怀、花落忧叹的我的伤感胡话。我一直凭直觉认为她是能理解我的，也包容着我的一切，虽然她平时只是那么坐着，安安静静地望着我。

“我很奇怪，为什么和你在一起时总是你说得比较多？”璎曾经这样问我，“你应该是很内向的才对啊。”

“因为我懂的比你多，小傻瓜。”我微笑着，温柔地拍了拍她的脑袋，然后听着她抱着头抱怨“这样会把我拍傻了的”，心里满满的夕阳般的温暖。

其实，和璎在一起的日子是平淡的，但对于我来说，却一直都是幸福的、快乐的。

有同学见我们关系那么好，便开玩笑说我们说悄悄话时像一对夫妻依偎在一起，我听了之后愣了一下，仿佛被人揭穿了谎话的孩子，有些不知所措。璎却笑得很开心，还开玩笑地反问同学要不要以后来喝我们的喜酒啊，然后友好地拍了拍那同学的肩膀。这事至今让我猜不透璎的心思，也是我第一次不明白璎的做法。

日子过得很快，眼看着中考在即，同学们都忙着在家里紧张复习。那天下午，璎打电话邀我去到她家跟她一起复习，我很高兴地怀着忐忑不安的心情去了。璎的家干净整洁，而她的房间，就如我想象的那样，乱糟糟的，东西都胡乱地扔了一地。我实在看过不去，一个女孩子，房间怎么可以这么乱呢，就主动替她打扫房间，像个真正的女朋友那样。最后，房间是打扫完了，可我也没怎么复习到。本来担心着自己会不会考砸掉，却在门口看见璎拿着一大堆她整理的复习资料给我。

“好好加油哦。”临走前她笑着说，“别辜负了本大天才的心血。”那一夜，我差点失眠了。手里捏着那沓沉甸甸的复习资料，心乱如麻，怎么也复习不进去，脑海里回荡着那句“好好加油哦，别辜负了本大天才的心血”，一颗心狂跳不已……

如今中考也考完了，我们以后或许就要分道扬镳了，可我真的实

在不忍心面对这次离别。你们可能要笑，小小中学生也谈感情？而且还是这种感情。可是，我发现我是真的喜欢她，喜欢璎。

前些天，她发来了短信，单刀直入地问我：“岚，你爱我吗？”

我的手机这些天一直捏在手里。我该如何回答她？

（小岚）

心理点评

有一项针对目前国内校园同性恋问题所进行的问卷调查的结果显示，约有4%的高中男生承认自己是同性恋，而有12%的女生承认自己有这种倾向。这些数据很容易令人产生青少年同性恋比例节节升高的印象，从而令老师与家长感到了担忧。

事实上，老师和家长不必太过担心，即使您的学生或子女对您坦言他有同性恋倾向，您也不必太惊慌，更不必急于去改变或否认这种倾向；而应该以接纳、镇定的态度来协助他们认清自己，究竟是不是真正的同性恋？如果是，那么其同性恋倾向形成的原因是什么？是先天形成的还是后天转变的？如果是先天形成的同性恋就只有接受事实，不需要去改变了。

不过，更多的宣称自己是同性恋的青少年朋友其实只是一些“假同性恋”。现在，由于媒体对同性恋大量的描写与报道，一些青少年朋友就开始将自己对号入座了——越想越觉得自己是同性恋。而事实上，他们不过是处于心理上的一个特定时期——“同性密友期”罢了。在这个心理时期的人很容易对同性同伴产生认同感与好感，甚至喜欢与同性朋友交往。这样就使青少年朋友误以为自己是同性恋，或被同伴认定为同性恋者。

另一方面，“同性恋”的称呼似乎已经成为同性朋友之间的一种情感表达方式：某某和某某同性同学之间关系密切，他（她）们往往会很自豪对他人宣布：我们是同性恋！哪怕他（她）们明知道自己的感情与同性恋相差十万八千里。有了这种社会暗示，我们的校园出现一些假同性恋者就不足为奇了。

还有一种同性恋倾向是属于“情景式的同性恋”。由于升学的压力，很多老师和家长通常不鼓励青少年交异性朋友，甚至反对青少年异性间的交往。这样就常常导致青少年的情感或亲密需求转移到同性身上，

从而被青少年误以为自己就是同性恋了。这种“情景式的同性恋”在远洋水手的身上最为典型。这些水手在寂寞的远洋轮船上因为寂寞难奈常常会发生同性恋情，但他们一回到岸上就会马上抛弃同性恋行为而变回异性恋。

至于小岚对璎的感情更多的则是一种性格上的欣赏，情感上的依赖。是不是真正的同性恋实在要打一个很大的问号。如果自己不是真正的同性恋而勉强将自己定位为同性恋，对自己今后的恋爱婚姻将产生极为不利的影响。

所以，对小岚而言，最好暂时和璎分开一段时间，并增加和异性同学的交往，看自己能不能将注意转移到异性同学身上。如果实在不能将感情转移，则应该找心理专业人士咨询以寻求指导与帮助。

至于璎的短信，我觉得可以这样回答：“我当然爱你啊！谁叫我们是最好最好的朋友呢？”先将这份感情定位在友情的位置总不会有错的。

手淫：禁不住的诱惑

11月11日 星期日

心情故事：

上初一时我无意中染上一个不好的习惯——手淫。刚开始还觉得很好玩，很刺激，一个星期会弄好几次。可后来，我听说了手淫的危害，什么"一滴精十滴血"之类的说法让我感到非常害怕，并且感到身体像被掏空一般，学习时精力也明显不如以前了。我上网搜索了许多戒手淫的办法，并尝试着去戒除手淫，还是有一些效果的。不过，因为时刻克制自己不想与性有关的事情，我感到很紧张很焦虑，甚至有种要崩溃的感觉。实在受不了的时候，我就会故技重演。而之后又十分的懊悔。我的意志是不是太薄弱经不起一点诱惑呢？我似乎已经不认识自己了。

（小波）

心理点评

首先，我们需要澄清的是：手淫和遗精一样并不存在什么好与坏。这就好比是杯子里的水，满则溢，是很自然的现象。

手淫和遗精在生理上的反应是一样的，所区别的只是前者借助了一点手的外力，而后者没有借助任何的外力。而在心理上的反应二者也非常类似：都能起到一定的缓解焦虑的作用。但是手淫缓解焦虑的作用一定要限制在一定的范围之内，绝不能让手淫承担起缓解焦虑的全部重任，否则会适得其反：不仅对身体造成巨大的伤害，使身体极

度虚弱，而且会影响到健康人格的成长！

了解这个道理之后，我想你就应该知道对待手淫的正确态度了：

1. 接纳手淫，但不纵容手淫。不认为手淫是魔鬼，但也不认为手淫是天使。适当的手淫并不需要放在心上。但何为“适当”？以手淫的频率不影响自己学习工作的精力为准。但是这里又存在另一个问题，有时手淫之后对我们精力造成影响的并不是手淫本身，而是我们手淫之后产生的强烈的罪恶感和恐惧感。正是手淫之后的罪恶感和恐惧感让青少年朋友身心憔悴。因此，在清楚自己目前所能承受的手淫频率之前，必须先消除自己对手淫的罪恶感和恐惧感。

2. 知道了适合自己的手淫频率并能够很好地控制手淫行为之后，是不是就可以高枕无忧了呢？当然不是。根据行为主义心理学的强化理论，由于手淫在一定程度上消除了人的焦虑紧张而可能使人产生增加手淫频率的欲望。这种欲望长期存在下去就可能使人对手淫形成一定的心理依赖。而对手淫的心理依赖则会在一定程度上影响青少年的社会化进程。对手淫产生依赖的青少年往往容易沉迷于幻想，社会活动减少，并且有一些神经质倾向。所以，最理想的情况是在真正进入恋爱婚姻之前，能够通过多参与一些有益的社会活动、必要的体育锻炼和文娱活动来释放自己的紧张和焦虑。在丰富多彩的生活中自动淡化对手淫的依赖是最理想的结局。

这个结局可以追求，但不能强求！

3. 转移自己的注意力，减少手淫的频率，也不必刻意去关注网上戒手淫的方法，将这方面的刺激降到最低。广交朋友，锻炼社会交往能力，参与有益的集体活动，你一定会健康愉快地成长。

师生恋：牛犊恋

4月1日　星期日

心情故事：

他是我们中学最风趣最幽默也是最帅的男老师，讲课的声音好听极了，非常有磁性。从他给我们上第一节语文课的时候，我就感觉自己迷上了他。刚开始我还以为自己对他只是一般的崇拜，可后来我渐渐地发现，如果有一天见不到他，我就会伤心一整天！

为了引起他对我更多的关注，我拼命地学习语文，看了许多语文方面的书，做了许多语文资料。我因为语文成绩迅速上升而取代了原来的语文科代表并获得了许多和他单独接触的机会。在语文成绩上升的同时，我的其他成绩特别是理科成绩却急剧下降了。

和老师接触多了，我发现自己更加喜欢他了。课间，我一有时间就往他的办公室里跑，有时是抱本子，有时是问问题等。实在找不到理由，或者是觉得自己到他办公室的频率实在太高了的时候，我就一个人坐在教室里，把他的每天穿的衣服、理的发型、很特别的笑容甚至一个不经意的细小动作都记在日记本里，以此来缓解自己的思念之情。有时，我还一个人躲在家里给他写永远也不会发出去的信。在信中，我尽情抒发自己见到他的快乐，见不到他的苦闷以及心中那不可能实现的期待。

刚开始，我以为这种感情只是一种寄托，并没有什么坏处。可慢慢地，我越来越思念他，并感觉自己越来越不能离开他了。我开始害怕起来，我怕自己会做出一些出格的事情影响他的家庭，怕我的行为会遭到同学们的耻笑，更怕因此影响到自己的升学考试。

我想解脱啊！

（小檬）

心理点评

美国心理学家赫洛克从发展的角度，把青少年性意识的形成分为4个阶段：疏远异性的反感期——牛犊恋时期——接近异性的狂热期——正式的浪漫恋爱期。

赫洛克把进入性萌发期的青少年，对某一特定年长异性倾心和爱慕的情感，形象地称为“牛犊恋”。中学生的“恋师情结”即是牛犊恋

的一种表现形式，琼瑶、茨威格等中外作家的文学作品及影视作品中对这种现象时有描写。

而青春期的女孩子比男孩子更容易发生师生恋。其原因就是女孩子往往比男孩子提前一两年进入青春期。当女孩子已经进入性心理发育的异性渴望期（包括牛犊恋时期与接近异性狂热期）时，同龄的男孩子们却还没有进入。这样，成熟比较早的女孩子就很难和同龄的男孩子进行深层次的交流，用她们的话说："这些小毛孩太肤浅了！"

而在学校家庭两点一线的生活里，青春期少女接触最多的成熟男性除了自己的父亲，恐怕就要算学校的男老师了。在对异性好奇心的驱使下，面对那些风趣幽默，帅气，有知识有涵养的男老师，女孩子就难免产生一种痴迷的感情。这种痴迷将少女内心的紧张、羞涩、期盼、恐惧与性幻想交织在一起，为自己编织了一个如彩虹般美丽而虚幻的梦。

由于这种感情中掺杂着师生关系，女孩子常常将这种爱恋深深地埋藏在心底，甚至强烈地抑制自己的感情，让自己陷入一种对自我的恐惧之中进而影响到自己的学业。

要处理好这种感情，有三点必须做到：

1. 不沉迷于自己的感情。故事中的小檬同学要尽量减少思念老师的时间。要知道，再美好的感情如果过分地依赖都会有问题，更何况这本身就只是一份虚幻的感情呢！

2. 学会转移自己的感情。减少思念多出来的时间要用来参加一些感兴趣的娱乐活动，增加一些业余爱好。多和同龄人接触也是转移这种感情的有效手段。

3. 学会认识自己的感情。对他的迷恋有多大的成分是自己在心中对他进行美化的结果？也就是说：在多大程度上，你喜欢的其实不是真正的他，而只是你心中的一个幻想？要认识到这一点，建议小檬同学尝试着将自己沉迷于幻想的感觉写下来，保存好；然后再将自己开心地学习与交往的感受写下来。通过对比你就会发现自己真正要追求的情感是怎样的了。

将心灵的“家具”进行重新布局

6 月 26 日 星期四

当下心情：痛苦

心情指数：★★★★★

心情故事：

父母都到外地打工去了。我和爷爷奶奶生活在一起，住着宽敞明亮的私房，就读于当地的一所中学。我是家中四位长辈的希望和精神支柱，必须拼命学习，不敢有丝毫懈怠。我平时的生活很单一，可自从这学期他转到我们班之后，这种局面就改变了。他活泼、开朗、帅气、阳光，总能找到我们的共同话题，让我开心。星期天他请求到我家看一看，我没有拒绝的理由，也不想拒绝。随着次数的增多，我们的关系慢慢微妙起来，他的要求也与日俱增。我是一个传统的女孩子，我必须守住最后的一道防线，但我又不想失去这样一段刚开始的恋情。我也知道，如果他爱我，就不应该违背我的意愿；我还知道，如果他因为我对最后防线的坚守就离我而去，他就不是真心地爱我。但我还是不能停止我的担心和害怕，无论如何，我都不想失去他啊！

（小盼）

心理点评

房子是心灵的象征。宽敞明亮的私房在两个老人和一个孩子的世界里是不是有些空荡？而自己的心灵世界是不是也有些孤寂？也许你会说：我的房子里有家具啊！我的心灵世界里有爸爸妈妈爷爷奶奶的亲情啊！怎么会空荡呢？

是的，你的房子里会有家具，但这些家具是丰富还是单一，布局是否合理？是的，你的心灵世界里当然有亲情，但这亲情的内容是否丰富——也就是，除了对你的学习成绩之外的关心是否很多？还有除了亲

情之外，友情是否丰富？其他的娱乐和爱好是否受到重视？

如果不是心灵的孤寂和空荡，“他”怎么会改变你整个的心灵格局？如果不是因为这个房子家具太单一不够合理，忽然到来的一件精美家具又如何迅速将整个房子的格局改变？

现在，请先思考你心灵的房子中有哪些是需要调整和装饰的吧！

1. 将一些过分夸大了作用的家具稍稍挪开一点，让自己能够在必要的时候对它做淡化处理。比如：“四位长辈的希望和精神支柱”这件家具就应该向心灵房间不显眼的地方挪动一下。实际上，你认为你是“四位长辈的希望和精神支柱”的同时，你也将“四位长辈的希望”当成了自己的“精神支柱”。任何人都离不开他人的心灵支持，但将他人作为自己心灵房子的支撑则是对自我心灵的成长极为不利的！

2. 将一些被忽视的家具搬到显眼的地方，让它真正发挥作用。比如：友情的家具在青少年心灵的房子里本该处于最重要的位置，可它现在被藏在哪个角落里了呢？

3. 想一想自己是否应该给心灵的房子增加几件有情调的家具。比如：兴趣爱好、娱乐休闲等。他们的到来会让房子变得更加温暖和宽敞。

4. 再思考一下心灵的房子里有没有占了地方却无用的家具？比如：对未来的一些不必要的担心，对自己的一些不合理的要求等。

5. 给心灵房子中被遗忘的家具来一点装饰和点缀，比如装饰自己的友情，比如装饰自己的业余爱好，比如装饰自己对生活的热爱等等。

如果在我们心灵的房子里，家具本身就不丰富，布局本身就不合理，那么，仅仅依靠忽然进入的一件精美家具来主宰整个房子的做法肯定是不合理也不能长久的。更何况，这件家具进入的时间和地点都是一个很大的问题呢？

自己的房子要自己负责！先在心中擦亮房子的玻璃，并在心中将所有家具的灰尘都擦干净，然后按照上面的几条建议对家具重新进行布局。这样，你会忽然发现，那原以为不可替代的家具在心中的位置其实是如此的平常！

如果自己无法在想象中完成上面的心灵布局，则可以寻求一定的心理帮助。只有这样，你才能走出迷茫！

第六章 理性思维篇

再失败的婚姻也会有它的价值

心灵花园：

婚姻，多少人渴望走进去，又有多少人极力逃出来。为什么？唉！婚姻真是人生最大的一次冒险。成功了就会找到一个安全舒适的避风港湾；如果很不幸，最后会落得无家可归的下场，唯一收容自己的就是自己的影子。

其实，祸福难测的何止是婚姻呢？这世间的一切一切不都是难测的吗？也许此时叱咤风云，但下一刻生命便突然褪掉了它所有的色彩。是不是有些悲观？是不是有些杞人忧天？但是事实就是这样。那些人，那些事，如今只能当作寂寞时的一曲幽静的乐曲回旋在记忆的天空。就像黛玉一样，花是葬了，但愁苦也能随着这一抔黄土而被掩埋吗？她用一生的眼泪换来了一份真正的爱情，但那又怎样？老天与她开了一个天大的玩笑。她走了，随着那漫天飞舞的落花。随花飞到天尽头的她找到香丘了吗？没有，肯定没有，不然，大观园又怎么会衰落呢？玲珑剔透心，体弱多病身，痛苦悲惨命……

无论是男人还是女人，他们的内心深处都有着一处脆弱，只不过女人比男人的多，也更容易显露出来罢了。人类以他们自己的方式互相伤害着，直至把对方也把自己伤到血淋淋的，用血和泪将自己彻底

掩埋。而又有多少聪明人能在最后一刹那放开一切呢？为什么不能善良一点，宽容一些，毕竟世界上没有真正的敌人！

年年岁岁花相似，岁岁年年人不同。我虽然摆出了无数条的理由，但我终究骗不了自己，一个人只能找到快乐，但绝对找不到幸福，而祸福的难测又让我对幸福不敢问津！

心理点评

再幸福的婚姻也会有问题。而再失败的婚姻也会有它的价值，有它打动人心温暖彼此心灵的地方。只是，当我们对婚姻不满意的时候往往就忘记或者忽视了婚姻给我们带来的温馨和快乐，从而将不如意的婚姻全盘否定。这种用绝对化思维看待婚姻的态度是怎么影响你的呢？是因为你听到了父母太多的争吵吗？还是因为目睹了父母太多的冲突？

因为绝对化的思维，你将事物一分为二：非好即坏，非坏即好！而实际上，这个世界上的事物都是好中有坏，坏中有好。黛玉的命运固然凄惨，但是她得到了世间最宝贵的爱情，彰显了自己的个性。这难道不是她最大的安慰吗？

夫妻之间或者情侣之间的互相伤害是让人痛心，但相互伤害是因为相互有爱的需要，只是这种爱的表达方式出了问题。

抛弃绝对化思维，你就能重新认识身边亲人的婚姻，并且塑造自己积极乐观的心态！

抛弃"夸大其辞"的非理性认知

倾诉小屋：

练习册一本又一本，题一道又一道，永远做不完的家庭作业压得我喘不过气来。睡意不时向我袭来，我快支撑不住了，两只眼睛一个劲地申请要休息。

理想中的高中——这条独木桥是多么拥挤啊！有多少人在过桥的时候被挤出桥面，掉落在悬崖深处。哀哉！过了桥的高兴，痴狂；过桥时掉落谷底的可悲可怜；没过桥的在桥上打颤，恐惧。我呢，已经掉落一次悬崖了，所以这次，我没有退路，不成功就成仁！如果失败，我将不止是伤心，而是悲痛欲绝。

学生，你为什么总有无尽的烦恼，无尽的压力？什么时候，我才能潇洒地扔掉书本，痛痛快快地玩，痛痛快快地睡，还有无忧无虑地做一些自己想做的有意义的事情。学习的路真是又长又远，一眼望不到尽头。我在这条漫无边际的路上走着，不知休止地走着，一直走到麻木。

我好痛苦，因为我没有选择的余地。谁叫咱中国这么多人，中国的学这么难上呢？怪不得有钱的人都送孩子出国了！像我这样的平民百姓的子女就只有尽力去挤这座充满痛苦充满无奈的独木桥了！

心理点评

考上理想的学校很重要，但它的重要性并不像你说的那样极端。世界上有很多人没有进入自己理想的学校，但他们一样取得了骄人的成绩，一样拥有幸福的人生。如果把学校的重要性极端地夸大，不仅

对你的复习备考不利，对你的临场发挥不利，更会对你将来的生活都有不良的影响：为了升学考试你牺牲了学习的乐趣生活的情趣，考上理想的学校之后你会发现生活并不是你想象中的样子，你可能会有适应不良的问题出现。

在将升学考试的影响过分夸大的同时，你在日记中对中考竞争的残酷性也同样进行了夸大其辞的描述。这样的描述让你的情绪处于恐惧和自卑之中。而在恐惧和自卑中长大的孩子是很难有一个平静幸福的人生的——无论他的事业是成功还是失败。

抛弃夸大其辞的非理性认知吧！这才是真正的人生的考验！

学会适当地消极

11 月 14 日 星期五

心情故事：

信念是我忠实的朋友。当我为人生感到迷茫感到不知所措的时候，总有这样一种声音在我耳边响起："找准你的信念，向它前进！"

记得有一次学校分班，把三个实验班的同学中的前 12 名调走组建一个新的班级，即所谓的"次奥赛班"。目的就是为了使这些实验班中的尖子生能在当年的中考中取得优异成绩，为学校争光。非常不幸，我未被选中。

在那一刻，我的整个世界都是黑漆漆的。我犹如大海中独自与暴风搏击的一叶扁舟；犹如在沙漠中饥渴难耐的旅者，犹如在油锅里被翻煎的鱼儿。我几乎要崩溃了。已经不是第一次这样分班了。我强忍着泪水，但它还是不争气地流了下来。但我心中有一个信念，那就是"是金子就一定会发光"。于是，我迎难而上，奋勇拼搏，把自己从堕落的边缘拯救了回来。在整个初三的时间里，我一直在坚定着我的信念，一直在努力着。但天不遂人愿，我还是失败了。

事实上，组建的那个班级仅仅只有 2 个人考上了重点高中，并且是刚刚踩线。那个班级中更多的人选择了跟我一样的道路：复读。信念支撑着我再坚持一年。尽管是风险与机遇并存，我还是要赌一把，但愿我在明年的中考中能笑到最后，信念不倒，希望尚在！

从日记中可以看出：没被选上所谓的"次奥赛班"，你以为这是人

生的一次挫折。而实际上，这是不公平教育对学生造成的心理创伤。在崇尚人性化管理的学校中是完全不会发生的。把尖子生都弄走组建新的班级，留下自己和一些成绩差的学生在一个班级，对于一个求上进并且对学校及老师的态度非常敏感的学生来说，这种做法无异于一种抛弃！无异于一种歧视！在一种被抛弃被歧视的心理状态下面对中考，显然会产生非常消极的影响。

带着中考失利的挫折感，你进入了复读班。虽然有以前的“次奥赛班”同学给你做伴，感情上有了些许安慰，但实际上这时的心理压力会更大，这才有了你“赌一把”的想法。这种心理状态是需要调整的，否则对下一轮的中考冲刺很不利。具体的建议如下：

1. 必要的心理疏导：要把以前埋藏在心里的伤痛充分宣泄出来。有条件的话，可以找人倾诉，没条件的话，可以通过日记倾诉。在倾诉中，大可不必让自己表现得那么坚强，而是要把自己的脆弱和痛苦充分地表达出来。适当的消极和脆弱过后，你反而会真正坚强起来！

2. 对曾经的失利进行外归因：曾经，你是可以成功的。但学校管理上的不人性影响了自己的心态，才导致自己高考失利。这样的分析，既是客观存在，也可以减少内心的压力与自责。

3. 鼓励自己接受一个比较差的复读结果，千万要抛弃“赌一把”的心理。有了这个比较差的结果垫底，你的心态会趋于平和，学习效率反而会高一些，结果也许会更好呢！

找出自卑倾向背后的非理性思维

4月8日 星期四

天气：阴

当下心情：郁闷

心情指数：★★★★★★

心情故事：

我是个女孩儿，还在上初中。我的自卑感是发自内心的，因为我特别胖。我习惯了别人看我时略带嘲笑的目光。我的生活也有了很大的变化，比如说我每天骑车上学，我走的那条路有好多学生，如果遇到好多男生，我会不由自主地紧张，只敢跟在他们后面走或是快速地超过他们。后来我开始了疯狂地减肥，瘦了好多，虽然仍称不上瘦，但基本已经正常了，但是我仍无法克制我强烈的自卑，我不敢和陌生的男生说话，我怕他们笑我，我甚至不敢跨入学校的商店、饭堂，我害怕人多的地方，我害怕他人背后的议论。我会特别在意别人的看法，我受不了关于我长相的一切玩笑，我真的想自信，找到一个中学生应有的朝气蓬勃，英姿爽朗！

（亚男）

心理点评

中学生朋友当中总有一些学生存在自卑倾向，严重地影响了其自我意识的建立。而这些自卑或自傲背后总有一些非理性的思维在“捣鬼”。找出这些非理性的思维然后改变它们，对中学生朋友来说非常重要。

那么，中学生常见的非理性思维有哪些呢？

1. 非此即彼的思维方式。例如，有位同学一直认真好学，考试成绩总在90分以上，而这次只考了80分。于是他得出结论：“我失败了。”因为在他的思想中，只存在着成功和失败两种情况。任何的事情不是成功就是失败。其实这是一个最大的思维误区。成功和失败只是一个连续体的两端，除去两端，事物更多的是处于无所谓成功也无所谓失败或者可以说成功也可以说失败的中间状态。还是上面的考试，90分以上是成功吗？不一定啊！相对满分来说90分也是失败啊！80分就失败吗？不要说还有低于80分的同学。就算你的分数最低，那也只是暂时的不成功。而暂时的不成功可能会孕育日后的成功。所以，我们在遇到挫折时要学会对自己说：我这次不是失败，而是没有成功！更准确一点说，是暂时没有取得成功！

2. 以偏概全的思维方式。比如，一位同学在食堂打饭，另一位同学不小心将汤泼在了他的身上，他就思忖：“真倒霉！别人怎么总把汤泼在我身上！”其实，当问起他既往经历的时候，他却想不起还有另一次这样的经历。再比如，一位同学受到了老师的不公正待遇，便对所有的老师怀恨在心，认为所有的老师都跟自己过不去，因此对所有的老师都心怀戒备。而相应的理性思维应该是客观地认识到自己以偏概全的思维方式不过是自己一种消极情绪的泛滥而已，提醒自己要注意管理自己的情绪了。

3. 情绪推理的思维方式。你把自己的情绪当作真理的证据。你的逻辑是：我觉得自己像个失败者，所以我是个失败者。或者说你的思想和信念在“跟着感觉走”。而这种“感觉”本身就是失真的，消极的。比如心情故事中的那个女孩儿，别人的目光真的就是嘲笑的目光吗？特别是后来她减肥成功之后更不可能是嘲笑的目光吧？可她为什么总认为是嘲笑呢？其实只是她自己的情绪在作怪啊！她不能很好地控制自己的情绪，还把自己的情绪当真理的证据，又怎么能不感到痛苦呢？

4. 夸大其词的思维方式。过分夸大考上名牌大学的作用，是不恰当的。因为过分地夸大后果，会无端地增加自己的心理负担。今后就算考取了，也会有失落感。

5. 虚拟陈述的思维方式。你不停地对自己说："我应该这样做"，"我必须这么干"来督促自己。这些陈述使你觉得沮丧和愤怒。因为你这么督促自己，其实在思想上已对自己持消极和否定态度。结果会适得其反，最终会以无动于衷和无所行动而告终。正确的思维应该是在恰当的时候对自己说："我喜欢这样做，所以这样做！"

6. 把消极当成熟的思维。你对自己说：我把生活都看透了，我成熟了。其实，真正的看透连神仙都做不到。而你所谓的"看透"，不过是生活中的负面认识过多，人生态度变得消极罢了。如果一个人在最关键的成长时期，将消极认识和负面情绪当作成熟，其结果无疑是令人悲哀的，会因此带来一系列的负性反应（包括诱发自卑），直接影响身心健康的水平，并阻碍心理的成长。

要消灭自卑倾向，除了要找到背后的非理性思维，还要合理地安排学习和娱乐，扩大交际范围，这样生活丰富了，自卑就自然消失了。

为什么要和比自己差的人比较?

12月8日　星期六

心情故事:

我今年初三，正在准备中考。我知道自己不是优秀的，甚至很普通，但我却是个要强的人，知道了自己的不足会努力去弥补。靠着这种争强好胜的意识作为动力，从小学到初中，我的成绩在班里一直名列前茅，但也必须承认在这个过程中我变得很虚荣，很骄傲。不过直到初三以前，这种虚荣心还不足以影响我的努力，我还能静下心来专注于自己的事情——努力提高自己在全班的名次。升到初三我的噩梦也随之开启，我经历了太多的痛苦，老是被各种奇怪的念头打断，无法专心学习。出现最多的就是：我的同桌学习不好，于是我在他面前有一种居高临下、沾沾自喜的感觉，觉得自己比他强，有了这样的念头，就无法投入地学习了。甚是苦恼，但又不知道找谁去求助。

初三下半学期，我们调换了座位，我想凭自己的努力走出以前的心理沼泽。但事与愿违，当中考的日子快要来临的时候，我再度陷入以前的噩梦，那种奇怪的念头又开始出现。而且由学习方面扩展到了其他方面，沾沾自喜。事实上我连自己能不能考上都还不知道，就已经开始无法再努力了。有了这样的念头，学习的时候就总是被打断，根本控制不住，我都哭了。问题写到这儿，我自己都感觉很幼稚，很可笑，可我控制不住。为什么自己老是跟这样的人比来比去？有什么意思啊？我只想专心地做一点自己想做的事情，可为什么要这么折磨自己啊？这到底是为什么啊？为什么要这样啊？有人能帮帮我吗？这样的感觉有时真的是生不如死……

心理点评

一般情况下，有了比别人强的感觉是很受用的，心情会很爽。而心情好了，学习效率也会提高。难道你和一般人完全相反吗？肯定不是。

我想，在初三上半学期的时候，你和同桌的比较并没有让你失去什么。至于你说当时无法投入地去学习，其实只能说你无法完全投入地学习，而不能说你完全无法投入地学习。否则，你的成绩肯定会一落千丈了。可以说你无法完全投入地学习的原因与那个比你差的同学是毫无关系的。原因可能来自于你自身，比如不太自信，比如对自己过于苛刻的要求。还有，你是否有强迫思维的倾向？你不是说你“老是被各种奇怪的念头打断”吗？也可能是来自于其他的外界因素，比如家长和老师施加的压力过大，没有注意对你进行心理疏导等。

而你一直没有对当年的高考进行理性的分析，而是简单地将原因归于一个并无多大关系的人上面。这样，你似乎就可以对自己有了一个交代了。

而现在又恰好有一个同学和之前那个同学极其相似，这就更让你好像回到了当时的情境，害怕又和上学期一样经受打击。也就是说，你还没有与这位同桌接触，却已经开始承受想象中的心理创伤了。不停地和别人比较的心理不过是过去焦虑和创伤的延续。这样的心理状态之下，学习老被打断就是必然的了。

所以，你的心理问题根本就不是什么和谁比较的问题，而是你自身存在一些非理性的思维，不能用一颗平常心对待人生的挫折。

要走出心理的困境，除了要重建理性思维之外，学一点道家的无为思想，在人生的十字路口秉持顺其自然的心态也是十分必要的！

学会用瓦伦达心态面对学习压力

3月7日　星期三

天气：晴

当下心情：烦恼

心情指数：★★★★★★★

心情故事：

唉，今天晚上又是英语。由于这个学期时间太短，老师们都在拼命赶课，赶得我们头都大了。英语老师 Mrs.Ji 一脸严肃地走进了教室，并用她那惯有的冷冷的语调说："今天我们来学习……"翻开课本一看，天啊，这么长的英语短文，少说也有几百个单词啊！占据了大半页的篇幅，看得我们眼花缭乱。我不禁在心里默默祈祷：千万不要让我们背啊！哪知天偏偏不遂人意，就在我想入非非的时候，Mrs.Ji 说："这篇课文必须背！""啊！这么多！"全班同学愤愤不平地说。"啊什么啊？星期二之前必须背完，否则就别怪我不客气！"老师的话打破了我最后的一丝侥幸心理，给全班同学下了一道死命令。看来，我们又是在劫难逃了！ Mrs.Ji 孜孜不倦地讲解着短文。可同学们哪有心思听啊！一想到要背诵，就个个唉声叹气起来。但英语毕竟是最重要的学习科目，同学们绷紧的脑子还是跟着录音机读了起来，就像课文里的那句话："over and over again"，一遍又一遍重复着每一个单词、每一个句子。学习本是件快乐的事情，可为什么我们会如此枯燥无味呢？我想，这是一个值得深思的问题。

（小宇）

心理点评

瓦伦达是美国走钢索的杂技演员。钢索一般悬在离地几十米的高空，没有任何人身安全保护措施，还有来自风雨等不利因素的干扰，人在上面行走，其危险程度可见一斑，但他总是能获得成功。对此，瓦伦达说："我走钢索时从不想到目的地，只想着走钢索这件事，专心专意地走好钢索，不管得失。"后来，心理学上把这种专注于做自己的事情，不为赛事以外杂念所动的心理状态称为瓦伦达心态。在学习中（特别是考试中）忽略对结果成败的关注，力求有稳定的瓦伦达心态，显得非常重要。

你在英语学习中过分地关注背书的结果，其结果是陷入了自己挖下的陷阱之中：因害怕结果而造成学习效率低下，又因学习效率低下而更加害怕结果。这种现状是谁造成的呢？你在日记中对Mrs. Ji一直是埋怨的语气。同时你一直在用"我们"做陈述的对象，言外之意是同学们都害怕英语害怕Mrs. Ji，是她粗暴简单的方式造成了我们普遍的背书恐慌。这是典型的外归因。它虽然让你获得了心理上的暂时平衡，但不能解决问题，因为还需要用内归因认识你自身的问题：

1. 缺乏理解和沟通。老师的方式虽然客观上有些需要商榷的地方，但主观上只是想激发同学们的斗志。如果有的同学努力了，还是不能背诵下来，老师也绝不会真的"不客气"。如果连这一点都不能相信老师，则是对老师缺乏最基本的理解。从根本上讲，还是你自己太在乎结果了，把失败的结果看得太"不客气"，从而破坏了自己瓦伦达心态的建立。

2. 你忘记了自己实际上是应该做一些改变的，如学会调节自己的心态，掌握必要的英语学习技巧，提高自己的英语背书效率，课前多预习等。

这样，你就会发现，无论结果怎样，其实都是"很客气"的！

认识家庭中的负性情绪转移

3月8日　星期三

当下心情：郁闷

心情指数：★★★★★★

心情故事：

昨天晚上，妈妈找我谈中考升学的事情。她希望我这段时间不要看韩寒的书，还希望我暂时不要上网写博客。开始的时候，我们聊得挺好。她说我现在是非常时期，是比较辛苦，但过了这段时间就可以好好玩了。她还许诺说，中考之后，我们全家三口人一起去海南旅游，给来个彻底的放松。可后来，她接了一个同事的电话之后，就风云突变了：不仅厉声厉色地命令我不许看与考试无关的书，而且不许看电视，不许听音乐，还要收缴我的 MP3。我们吵了起来。后来，我和妈妈都哭了。

早上，爸爸告诉我，昨晚妈妈的同事告诉她：公司业务不景气，老板想辞掉一批人，而留下的人薪水也要降30%。妈妈属于被留下的人，但以后每个月的工资要少了许多。唉，工资少了，也不是我惹的祸呀，凭什么要收缴我的 MP3 呢？

（小鱼）

有一个故事非常准确地表现了家庭中负性情绪转移的现象：一个父亲在单位受到了领导的批评，心里很不爽。回到家，就对自己的妻

子发脾气。妻子不敢作声，回过头来就训斥自己的儿子。儿子也不敢反抗，也忍着。刚好这时小花猫从儿子身边经过，儿子抬起脚对准小花猫就是一脚。小花猫惨叫一声仓皇离去，离开的时候还不忘记回头望一望自己的小主人：平时那么宠爱自己的小主人怎么突然就怎么凶狠呢？

小花猫当然不会明白，真正踢它一脚的实际上是男主人的领导。因为男主人的领导批评了男主人，致使男主人带着愤怒回家。他回家之后，在不自觉中将愤怒转移给了自己的妻子，而做妻子的不敢反抗丈夫又无意中将自己的愤怒转移给了自己的儿子，儿子最后又转移给了自己的小花猫。这种负性情绪无意中的转移对家庭成员情感上的联结是极具破坏力的。除了做父母的要善于调节自己不让负性情绪跟着自己进家门之外，做子女的还要学会识别父母的负性情绪转移，从而保护自己。比如，故事中的小鱼在面对母亲忽然之间变化的情绪，可以冷静地对母亲说："您之前和我的交谈，我十分感动，也愿意按您说的意思去做。但现在，您是不是在电话里受到了什么打击，内心十分愤怒？要不然，您刚才的这些情绪是从哪里来的呢？您有什么委屈，有什么愤怒您就尽情地宣泄出来吧！女儿一定会理解您，支持您！"如果你做到了这一点，相信再情绪化的父母也会及时意识到自己的问题，并迅速调整好心态，而你的MP3也绝不会被收缴了。

这样，妈妈的负性情绪就可以光明正大地在家庭中得到宣泄，而不需要通过发火吵架等扭曲的渠道进行宣泄了。这样，家庭作为情感港湾的功能才能够真正体现出来！

第七章 心理常识篇

爱洗手是强迫症吗？

9月15日　星期六

天气：阴

当下心情：担心

心情指数：★★★★★★

心情故事：

我，一个正读初三的女孩子，由于母亲是医生，从小要求我们讲卫生，所以也就特别爱清洁。可是，近半年来常常有反复洗手的毛病，总觉得手不干净。出门回来我会花很长时间来洗手。平时只要碰了我认为脏的东西，就必定会反复洗手十几次甚至更多。我们寝室里有位同学看过几本心理学的书，说我的症状很像强迫症。但我认为这是洁癖。如果是洁癖，就只是我的个性罢了；如果是强迫症，那我就是病人了。我可不想当病人。我该怎么办呢？

心理点评

强迫症是一种比较常见的心理问题，其核心症状就是强迫，可以表现在思想、情绪和行为等方面。你的洗手问题与强迫症中很常见的一类症状——强迫性洗手非常相似。但是要确定是否为强迫症，单凭

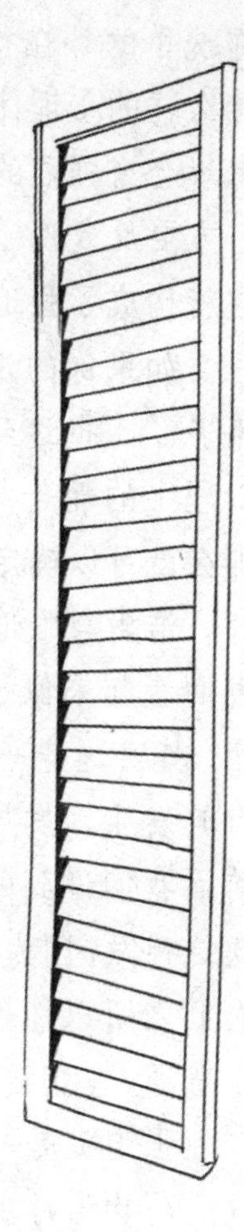

你洗手的外在行为还不能作出强迫症的诊断，重要的是你在洗手时有什么样的心理体验。强迫症的核心问题是自我强迫和自我反强迫共存，患者会有强烈的心理冲突。就拿洗手来说吧，内心里有两种对立的力量，一方要反复洗手，而另一方却不想洗下去，双方势均力敌，相持不下，这就构成了强迫。所以，必须具有这种心理冲突才可以诊断为强迫症。

如果你的洗手行为具备了这种强迫的性质，加上问题持续已有半年多了，也达到了强迫症在持续时间上的诊断标准，并且给你造成了心理上的痛苦，如果没有器质性病变和躯体疾病可以解释你的表现，那么就可以确定是强迫症了。

洁癖与强迫症不一样。因为强迫症有强迫性洗涤这一类常见症状，表面看起来似乎是爱干净、爱清洁，所以很多人都认为洁癖就是强迫症。其实这是一种误解。两者在性质上不一样，强迫症是一种心理障碍，有其发生、发展、转归的过程；而洁癖则是一种个性特征。另外，如前面我们说到的，强迫症在洗涤时是很冲突、很痛苦的，而洁癖则喜欢这样做，因为洁癖的人喜欢清洁，他们会在清洁的过程中体验到乐趣。人们之所以怀疑洁癖是否正常是因为洁癖的人对清洁的钟爱程度超过了普通人，但这并不意味着与大多数人不太一样的行为就一定是疾病。

强迫症是一种心理障碍，目前常用的治疗包括药物治疗和心理治疗。药物治疗主要选用与5-羟色胺神经递质相关的抗抑郁药物；心理治疗可以选择精神分析治疗、认知行为治疗等方法。

强迫症的疗效取决于很多因素，如致病因素是否持续存在、病史长短、治疗是否及时和充分、是否有良好的社会支持等。部分患者经过及时的治疗可以有效控制强迫的症状，但也有部分病人恢复不彻底甚至迁延为慢性。因此，如果罹患强迫症应及早寻求专业医生的帮助。

过分刻苦是一种自我攻击

10月26日 星期四

天气：晴

当下心情：悲凉

心情指数：★★★★★★

心情故事：

还有几个月，我就要初中毕业了，可我一直高兴不起来，因为我觉得女生真是太倒霉了，无论怎么努力也无法确立遥遥领先的地位。我从小就很努力学习，在六年级前，成绩始终是班上前三名。男生们都不认真念书，他们天天花样翻新地玩，而我则像苦行僧一样地学习着，从未体会过玩的滋味。但是，到了六年级的时候，男生们就像天兵天将一样占据了班里前面的位置。

我终究还是升入了区重点初中。

在初一和初二的时候，我在班里的成绩排名还是比较靠前的，但进入初三之后，我觉得男生们好像是存心和我过不去一样。他们总是在一起研究一些怪里怪气的题，而我当然是参加不进去的。他们的成绩突飞猛进，而我怎么努力也不行。尤其是我们班里有位“大能人”，他几次月考都考在我前面，而且他在上课回答问题时总是抢在我的前面，声音特别大。也许是声音占优势，我一个女生也不好意思和他争，只好坐在那里干生气。由于连续几次他的成绩都比我好，各科老师好像都很偏爱他，把各种资料都给他看，致使他成绩直线上升，而我还是老样子，处于考上重点高中的边缘。我好像是被他吓垮了。

有时，我常想晚上少睡点觉，多学点，就会超过他。可一到夜里12点，眼皮就打架，没了精神，上课时那种不服气的劲就跑得无影无

踪了，只想上床睡觉。我只有硬撑着，尽量多学几分钟。但结果还是一样。

男生往往用最后一年的努力就会有很好的结果，女生要用几年的时间不停地努力，牺牲自己的业余活动专注于学习，到头来还是不行，老天真是太不公平了。我有时会埋怨我的父母为什么不把我生成男孩呢？做女生真是太不幸了！

（化名：王砚）

心理点评

王砚同学对男生的嫉妒是一种心理上的攻击。而“干生气”同样是一种攻击——一种泛化的心理攻击——泛化到连他们讨论的数学题都讨厌（怪里怪气的）。当嫉妒转化为“干生气”之后，学习就因为过分刻苦而成为一种自我攻击的方式（这种转化是在潜意识中完成的，她本人并没有意识到），学习的快乐也就荡然无存，取而代之的是一种纯粹的学习痛苦。正是在痛苦中学习，成为王砚同学学习效率低下的主要原因，并不是性别的原因——性别的原因不过是为自己的困境找了一个逃避的理由。大量的心理学研究表明：在快乐中学习是提高学习效率的根本途径，而在痛苦中学习不仅使我们的学习效率低下，还严重威胁我们的身心健康。

而王砚同学埋怨父母将她生成女孩的心理，其实也是一种攻击——是在自我攻击令人难以承受的情况下，攻击能量向父母的转移。

也许，过分刻苦的自我攻击的来源并不仅仅是嫉妒，可能还有其他的原因。也许反过来，嫉妒也是过分刻苦的自我攻击能量的转移。不管是什么原因，你都要学会停止你的攻击——包括攻击自己，也包括攻击同学和父母，充分享受学习和生活（比如享受亲情友情，享受娱乐，享受锻炼等），你的成绩一定会上升，毕竟你有着很好的基础和很好的天赋，况且在当今的教育培养模式和考试制度下女生也有一些男生没有的优势呢。

如果实在无法停止攻击，寻求心理学专业人士的帮助则是很有必要的，因为你再也不能逃避面对真实的自己了！

谁能将我拽出网络的深渊

6月20日　星期二

天气：晴

当下心情：悔恨

心情指数：★★★★★★

心情故事：

第一次到网吧上网是在初一的时候，几个同学硬拽着我去的，因为我总觉得网吧里乌烟瘴气，在那里会不舒服也不自在。哪知道，仅仅是去了一次，我就改变了对网吧的看法，总觉得网吧比家好更比学校好，很放松。没有父母的唠叨，更没有老师的训斥。我感到了一种前所未有的新鲜感。

在网上我最喜欢的还是玩游戏，偶尔也会到QQ上找小妹妹聊天，但我是不会和对方见面的。

刚开始，我只是用父母给的零花钱去网吧上网。后来，随着我上网时间越来越长，我的零花钱不够了。我就开始骗父母的钱：什么老师要买资料了，什么老师要我们为贫困学生捐款，还有什么自己的钱不小心丢了等等。总之，只要能想到的招，我都想到了。父母后来也发现了我这个毛病，对我不是打就是骂，但都没有什么作用。因为，我也不想这样，我管不住自己啊！

后来，到了初三，功课越来越重了。我决定不再去网吧了。可每天放学一经过那里，我的脚就像被一根绳子拽了过去。

每次从网吧出来，我都很后悔，觉得对不起父母，也觉得在毁灭自己，也曾暗下决心再也不去那里了。可坚持一天不上网之后，我就

浑身难受，干什么事情都提不起精神，憋得慌啊！

（化名：小罡）

心理点评

网络成瘾（Internet Addiction Disorder: IAD）的概念是在1994年由纽约市的精神医师高德博格首先提出的。它是指由重复的对于网络的使用所导致的一种慢性或周期性的着迷状态，并带来难以抗拒的再度使用之欲望；同时还会产生想要增加使用时间的张力与耐受性、克制、退瘾等现象，对于上网所带来的快感会一直有心理与生理上的依赖。

截至2012年年底，我国上网人数已经达到5.5亿。

美国心理学年会报告有关研究统计，上网人群中IAD的比率为6%，按照这个标准，我国青年人上网成瘾的数量接近500万。

下面是网络成瘾自测表（IAD）。怀疑自己有网络依赖倾向的同学可以进行一下自我测试：

1. 你是否对网络过于关注（如下网后还想着它）？
2. 你是否感觉需要不断增加上网时间才能感到满足？
3. 你是否难以减少或控制自己对网络的使用？
4. 你是否对家人或朋友遮掩自己对网络的着迷程度？
5. 你是否将上网作为摆脱烦恼和缓解不良情绪（如紧张、抑郁、无助）的方法？
6. 当你准备下线或停止使用网络的时候，你是否感到烦躁不安，无所适从？
7. 你是否由于上网影响了自己的工作状态或朋友关系？
8. 你是否常常为上网花很多钱？
9. 你上网时间是否经常比预期的要长？

10. 是否下网时觉得心情不好，一上网就会来劲头？

结论：答一个“是”得一分，看你的总分有多少？

A. 总分 5 分以下：网瘾不大

B. 总分 5 分和 5 分以上：你的网瘾较大

C. 总分 8 分及 8 分以上：则需要找心理医生进行专业诊断是否患了 IAD。

如果确诊患上了 IAD 就应该进行专业的治疗，是不能仅凭自己的意志来克服的。如果网瘾不是很大则可以尝试着进行自我矫正。具体做法如下：

1. 参加一些丰富多采的文体活动以减轻自己对网吧的依赖。

2. 在戒除网瘾的过程中和爸爸妈妈多交流，让爸爸妈妈监督自己戒除网瘾。

3. 在手腕上套一根橡皮筋，心中一有上网的念头不能消除时就拉手腕上的橡皮筋，直到消除上网的念头为止。

“记仇”往往是缺乏情商的表现

6月6日　星期三

天气：晴

当下心情：矛盾

心情故事：

我一直是一个记仇的人。小时候，妈妈说我不够聪明，没有谁谁漂亮，成绩不如这个那个好，还嘲笑我的小伙伴整天和我一样就知道傻玩。从那时候开始，我就变得格外自卑，也不愿意和人交往了。直到初中毕业前，一天，坐了三年的同桌对我说，她从来没见过我这么不相信人又记仇的人。她问我：“为什么你一直觉得所有的人都欠你的，而不把自己的真实感受说出来呢？”我无言以对。

仔细想想，我真的是从不知道如何释放自己的情绪。我只知道将它们埋藏在心底，不露声色，然后暗暗在心里较劲。结果，不知道什么时候就莫名其妙地打击了别人。现在，记仇已经让我进入了人际关系的死胡同。我希望我变成一个不再记仇的阳光一样的女孩子。我能不能做到？我不知道。

（维维）

心理点评

首先我要提出疑问的是，小时候，妈妈说你不够聪明，没有谁谁漂亮，成绩不如这个那个好，还嘲笑你的小伙伴整天和你一样就知道傻玩。我想，这些话可能不是一次说出来的——如果一个父母一次性

地说出自己孩子这么多的缺点，那不是成心想毁灭自己孩子的自信吗？我觉得，这些话很可能是母亲在不同的场合出于不同的心情用不同的语气说出来的。而你细心地将它们整合在了一起，并且全部加上了嘲笑的语气。因此，我也不大同意你说就是因为这些事情使你变得自卑，有可能的是因为你自卑、人际关系紧张，所以你才记住了这些事情。当然，记住这些事情又会令你更自卑，人际关系更加紧张。而自卑与人际关系紧张在一般情况下则是缺乏情商的表现。

情商（EQ）又称情绪智力，是近年来心理学家们提出的与智力和智商相对应的概念。它主要是指人在情绪、情感、意志、耐受挫折等方面的品质。以往认为，一个人能否在一生中取得成就，智力水平是第一重要的，即智商越高，取得成就的可能性就越大。但现在心理学家们普遍认为，情商水平的高低对一个人能否取得成功也有着重大的影响作用，有时其作用甚至要超过智力水平。

美国心理学家丹尼尔·戈尔曼把人的情商概括为五大能力：1. 认识自身情绪的能力。2. 管理自己情绪的能力。3. 自我激励能力。4. 认识他人情绪的能力。5. 人际关系处理能力。

下面就针对这五大能力进行简要的分析吧！

1. 认识自己情绪的能力。比如：同桌无意中说了一句伤害你自尊的话，你很生气。这种情绪反应是很正常的，也是有益的，因为没有这种情绪，我们就很难有效地保护自己的自尊。但如果这种情绪表现得过于强烈或过于持久的话，你就应该及时地反思：这种过于强烈持久的情绪反应是因为自己过于自卑，还是因为自己其他负性情绪长期不能释放而被激发出来了？

2. 管理自己情绪的能力。主要指表达和宣泄情绪。特别要学会及时地宣泄生活中的负面情绪。诸如焦虑、紧张、郁闷、愤怒等负面情绪，如不能及时得到适当的宣泄，心理平衡就容易被打破。

3. 自我激励能力。自我激励，指面对自己想要实现的目标——比如学习目标，随时进行自我鞭策、自我说服，始终保持高度热忱、专

注和自制。如此，使自己有高度的学习效率。自我激励的能力可以说是一个人自我实现的基本保证，而自我实现则是一个人获得稳定情绪状态的前提。

4. 认识他人情绪的能力。认识他人的情绪，指对他人的各种感受，能“设身处地”地、快速地进行直觉判断。了解他人的情绪、性情、动机、欲望等，并能作出适度的反应。在人际交往中，要能从对方的语言及其语调、语气和表情、手势、姿势等来作判断。简言之，就是要常常关注他人说话的情绪，而不是仅仅关注他人“说的是什么”。只有认识了他人的情绪，我们才会恰当地表达自己的情绪，从而实现人与人心灵的交融。当心与心交融以后，还有什么“仇”不能化解？

5. 人际关系处理能力。这种能力的具备，很容易使当事人与其他任何人相处都愉悦自在。有了这种能力，偶尔来自他人的嘲笑等负面情绪大多能通过幽默等手段轻易转化为一种调侃或反思。这样一来，“仇”从何来呢？

只要坚持培养训练自己的情商，人际关系（包括家庭人际关系）就一定能得到改善，而你喜欢“记仇”的心理就一定会消失！